Marko Pogačnik und Radomil Hradil
Gaiakultur

Marko Pogačnik
Radomil Hradil

Gaiakultur

Der Weg zu einer Zivilisation der erwachten Herzen

Mit Zeichnungen von Marko Pogačnik

Bücher haben feste Preise.

1. Auflage 2014

Marko Pogačnik und Radomil Hradil
Gaiakultur

Titelseite:
Zeichnung: Marko Pogačnik
Gestaltung: Dragon Design, GB

Satz und Gestaltung:
Dragon Design, GB
Gesetzt aus der Times New Roman

Gesamtherstellung: Appel & Klinger, Schneckenlohe
Printed in Germany

ISBN 978-3-89060-636-1

Neue Erde GmbH
Cecilienstr. 29 · 66111 Saarbrücken · Deutschland · Planet Erde
www.neue-erde.de

Inhalt

Gaiakultur Kosmogramm,
Marko Pogačnik, 2013

Vorwort

Diescs Buch ist als Dialog entstanden. Es ist das Gespräch zweier Menschen, die sich Gedanken darüber machen, wie unsere Zivilisation einen Weg aus der Sackgasse finden kann, in die sie geraten ist. Dass sie sich in einer Sackgasse befindet, wird immer deutlicher. Doch wie kann eine zukünftige Gesellschaft aufgebaut sein, damit sie sowohl den Menschen als auch den – ob sichtbaren oder unsichtbaren – Naturreichen gerecht wird, ebenso wie den geistigen Wesenheiten und den gerade nicht in der Materie verkörperten Menschen?

Wir haben in unserem Gespräch diese Frage zum Anstoß genommen und sie ausgearbeitet. Ausgegangen sind wir dabei von Marko Pogačniks Konzept, das im Rahmen des Projekts *2000 plus 23* des Museums für moderne Kunst in Ljubljana entstanden ist, bei dem geladene Künstler ihre Vision unserer Zivilisation im Jahre 2023 vorstellen sollten. Dieses Konzept, das drei Ebenen beinhaltet: die persönliche, die gesellschaftliche und die der ganzen Erdenzivilisation, basiert auf einer Skizze, die in Marko Pogačniks Buch *Liebeserklärung an die Erde* (2006) der breiteren Öffentlichkeit vorgestellt wurde.

Damit sie in Zukunft Wirklichkeit werden können, war es uns wichtig, diese Visionen der Zukunft zu entwickeln, auch wenn sie heute noch als Utopien erscheinen mögen. Uns erscheint in vielerlei Hinsicht die Gegenwart als utopisch. Die gegenwärtige Zivilisation ist weder nachhaltig noch haltbar, da sie gegenüber der großen Mehrheit der an ihr beteiligten Wesen ungerecht ist, viele von ihnen versklavt und einige sogar gänzlich verleugnet. Sie dient nur der Befriedigung von kurzsichtigen Egoismen einer kleinen Minderheit, und das hat schlicht und einfach keine Zukunft. Wie die Zukunft schon heute gestaltet werden könnte, welche Ziele vor uns Menschen liegen und in welchen Schritten wir sie erreichen können, damit eine Kultur des Herzens, eine Gaiakultur entstehen kann, wird in unserem Gespräch zusammengetragen und erwogen.

Marko Pogačnik und Radomil Hradil
Šempas (Slowenien) und Říčany (Tschechien), Mai 2013

Das Herz ist eine unerkannte Schatztruhe

•

Das neue Menschenbild

RADOMIL: *Lieber Marko, die Arbeit an diesem Text beginnen wir in einer erwartungsvollen Zeit; es ist der 9. Dezember 2012, wir haben heute und gestern in der Stadtlandschaft von Prag gearbeitet. In wenigen Tagen ist der 12. 12. 2012, das Datum, an dem der große Wandel seinen Anfang nehmen und am 21. 12. seinen Höhepunkt erreichen soll. Viele Menschen, die wissen oder fühlen, dass es mit unserer Zivilisation so nicht weitergehen kann, erwarten ein Ende und einen Neubeginn. Wenn dieser Text in einigen Monaten erscheint, werden wir alle bereits mehr wissen – und es wird dann leicht sein zu sagen: Seht ihr, ich habe doch gesagt, dass es kommt – oder eben: dass nichts kommt...*

Ob so oder so, eine Sache ist deutlich: Unsere Zivilisation befindet sich in einer Sackgasse; so wie sie derzeit aufgebaut ist, kann sie nicht weiter bestehen, denn sie wird weder dem Menschen noch anderen Reichen und Welten gerecht. Deswegen möchte ich mit dir an der Vision einer neuen Welt, einer neuen Zivilisation arbeiten und dabei einen Entwurf aufgreifen, den du bereits 2006 hier in Prag und ein Jahr später dann in deinem Buch Liebeserklärung an die Erde* *kurz vorgestellt hast. Diesen Entwurf wollen wir hier vertiefen und ausarbeiten.*

Vielleicht aber möchtest du, bevor wir beginnen, noch etwas zu den kommenden Tagen und den erhofften und befürchteten Ereignissen sagen oder womöglich auch auf die Sackgasse näher eingehen, in der wir uns als Gesellschaft und Zivilisation befinden?

MARKO: Lieber Radomil, es freut mich sehr, dass du dich für die Wandlung unserer planetaren Gesellschaft interessierst, da auch mein Inter-

* Marko Pogačnik: *Liebeserklärung an die Erde*. AT Verlag, Baden und München 2007, S. 168 f.

esse, besonders in dieser Zeit am Ende des Jahres 2012, den Veränderungen gilt, die unser Inneres und die Welt um uns herum erschüttern.

Vor kurzem wurde mir ein umfangreiches Agrarindustrieprojekt vorgestellt, bei dem bestimmte essbare Pflanzen massenweise so gezüchtet werden, dass sie gar nicht die Erde berühren dürfen. Alles, was sie für die Produktion ihrer Früchte brauchen, wird ihnen durch Computer über das Wasser zugeführt. Sie werden nachts grell beleuchtet, damit sie ununterbrochen, Tag und Nacht, produzieren können.

Ich pflege zu sagen, dass unsere gegenwärtige Zivilisation immer noch Sklaven hält, obwohl die Sklaverei längst abgeschafft wurde. Zwar bleiben Menschen diese ethisch und moralisch unzulässigen Handhabungen weitgehend erspart, Sklaverei wird jedoch immer noch praktiziert, etwa in der Beziehung des Menschen zu den Pflanzen oder Tieren – wie das obige Beispiel zeigt.

Als nicht minder Leben gefährdend betrachte ich die Haltung unserer globalen Zivilisation gegenüber den geistig-seelischen Dimensionen unseres Planeten. Obwohl der gesamte Überlieferungsschatz der indigenen Kulturen von der für das Leben grundlegenden Bedeutung des elementaren Bewusstseins der Erde zeugt, wird die Welt der Elementarwesen als Bewusstseinseinheiten der Natur weiterhin ignoriert. Unsere Kultur kennt so etwas wie die Kommunikation mit ihrem Heimatplaneten und seinem Gaia genannten Bewusstsein gar nicht.

Wenn du von einer Sackgasse sprichst, in der wir uns als Zivilisation heute befinden, dann lassen sich dazu einige Belege finden!

Die Bewusstseinsfelder der Erde

Unsere Kultur hält sich selbst für das einzige intelligente Bewusstsein auf der Erde und eigentlich im Kosmos überhaupt. – Ich spreche da natürlich vom Mainstream, denn es gibt auch Menschen, die ein anderes Weltbild haben; diese werden aber doch immer noch für Spinner gehalten. – Dass wir diese verhängnisvolle Haltung haben, hat Gründe, die, so würde ich sagen, vor allem darin bestehen, dass die anderen Intelligenzen, die Welt der Elementarwesen, der Engel, der nicht verkörperten menschlichen Seelen und so weiter unserer Wahrnehmung meist nicht so ohne weiteres zugänglich sind. Daher neigen wir dazu zu glauben, dass es sie nicht gibt. Wir kommunizieren nicht mit ihnen, befragen sie nicht, ignorieren sie, und das hat fatale Folgen – für uns und für die Welt, für alle Welten. Es scheint mir, dass wir Menschen in erster Linie unsere Auffassung davon ändern müssen, was ein Mensch überhaupt ist. Wir müssen sie ändern, erweitern und eigentlich grundsätzlich umdrehen oder umstülpen. Vor allem geht es darum, anzuerkennen, dass der Mensch nicht mit seinem Körper identisch, sondern Bewusstsein oder Geist ist, der einen Körper bewohnt. Diesen Körper hat er sich selbst gebaut, um darin wohnen zu können. Und dies tut er mehrmals, viele Male während seiner Existenz, um neue Erfahrungen zu sammeln und sich dadurch zu entwickeln.

Natürlich war das nur eine kurze Skizze; würdest du, Marko, dieses andere Menschenbild bitte etwas erweitern? Was hältst du für wesentlich?

Lieber Freund, du hast unsere Existenz von der rein menschlichen Seite angesprochen. Ich bin aber brennend auch daran interessiert, jene Aspekte des Wesens Mensch kennenzulernen, die aus anderen Reichen der Erde oder des Universums stammen und doch einen wesentlichen Bestandteil unseres Daseins darstellen.

Wenn du sagst, dass der Mensch nicht mit seinem Körper identisch ist, ist dies aus der menschlich geprägten Perspektive wohl wahr. Wir bewohnen einen Körper und bauen ihn ein Leben lang aus, sagst du. Man kann es aber auch so sehen, dass wir Menschen dadurch, dass wir in einem irdischen Gewand verkörpert sind, Bestandteil einer anderen, parallelen Welt geworden sind. Wir sind Wesenheiten der Erde geworden.

Ich meine dies keineswegs nur auf der körperlichen Ebene! Als Menschen der Erde nehmen wir auch am elementaren Bewusstsein von Gaia teil. Um in der Materie denken zu können, nutzen wir die wundervollen Potentiale des gleichen Bewusstseinsfeldes wie Ozeane, Berge, Bäume oder Tiere. Nicht nur, dass wir unsere Hände auf eine ähnliche Weise bewegen wie die Pflanzenwelt sich bewegt, indem sie den Zyklen des Jahreslaufs folgt. Durch unsere schöpferischen oder zerstörerischen Gedanken bewegen wir sogar das Schicksal des Planeten Erde mit, was uns aus den ökologischen Zusammenhängen wohl bekannt ist.

Andererseits sind wir als Wesenheiten der Erde an einer wertvollen Erfahrung beteiligt, nämlich an der Erfahrung der elementaren Welt, der so genannten Feenwelt. Sie ist gänzlich der Aufgabe gewidmet, die Vollkommenheit der geistigen Urbilder in der Materie zu verkörpern. Wir nehmen an diesem kosmischen Projekt teil, indem wir gewisse für den Menschen charakteristische Qualitäten einbringen, wie unsere Fähigkeit, aus Liebe und Freiheit schöpferisch zu werden. Gleichzeitig wird unser Erfahrungsschatz enorm erweitert, indem wir mit einer kosmischen Welt mitschwingen dürfen, mit der wir nicht identisch sind.

Ich empfinde es als tragisch, dass diese Potentiale unseres Menschseins von Menschen unserer Epoche zum größten Teil ignoriert oder für minderwertig gehalten werden. Die Gelegenheit, mit unseren »Kollegen« aus der Naturwelt zu kommunizieren und Erfahrungen auszutauschen, nutzen wir kaum. Wer spricht schon mit Bergen, Flüssen, Pflanzen und Elementarwesen, die ja zur unseren planetaren Familie gehören und am selben Bewusstseinsfeld teilhaben wie wir Menschen?

Ich weiß, Marko, dass du dein Leben der Kommunikation und dem Erfahrungsaustausch mit unseren Kollegen, Schwestern und Brüdern aus der Naturwelt geweiht hast, und viele Menschen weltweit versuchen, von dir angeregt, diesen Weg auch zu gehen. Um mit der Naturwelt kommunizieren zu können, schaust du die Welt und auch uns selbst durch die Augen der Naturwesen an, aus ihrer Perspektive. Und obwohl dies für unsereiner ziemlich schwierig sein mag, ist deutlich, dass es für eine Kommunikation die grundlegende Voraussetzung bildet.

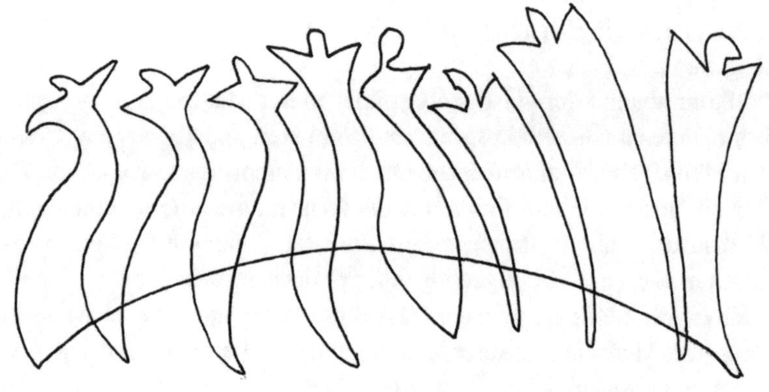

Die Wesenheiten der elementaren Welt

Bleiben wir aber noch bei dem neuen Menschenbild, das für eine Neugestaltung der menschlichen – und eben nicht nur menschlichen – Zivilisation notwendig ist: Ich wollte betonen, dass wir Menschen nicht nur der materielle Körper, sondern in erster Linie geistige Wesenheiten sind, die immer wieder auf diese Erde zurückkehren, um sich hier zu verkörpern. Unseren aus den Elementen der Erde erschaffenen Körper nehmen wir an und dann, im Tode, legen wir ihn wieder ab. Das Bewusstsein über die Tatsache der Reinkarnation wurde in unserer (westlichen) Zivilisation gerade deshalb vergessen, so glaube ich, damit wir Menschen uns mit der Erde richtig verbinden können und nicht der Neigung und Gefahr unterliegen, von der Erde in die geistigen Welten fliehen zu wollen. Mit der irdischen, zeitlichen Welt haben wir uns weitgehend identifiziert, jedoch nur mit ihrem stofflichen Teil. Wir glauben, dass die Materie alles, das Bewusstsein nur eine »Funktion« der Materie und der Geist nur unsere Erfindung ist und mit dem Tod des Körpers auch das Bewusstsein zu existieren aufhört. Den Weg zum Geistigen, zur Anerkennung der geistigen, nichtstofflichen Realität, müssen wir nun mühsam wieder suchen und dürfen dabei aber gleichzeitig nicht die Erde aus den Augen verlieren.

Das, was du, Marko, schilderst, ist, meine ich, der zweite Schritt. Im ersten Schritt lernen wir, die geistige Wirklichkeit zu erkennen und zu erleben, uns als geistige Wesenheiten zu wissen; im zweiten Schritt verstehen wir und erleben dies auch, dass das Geistige, das intelligente Bewusstsein auf und in der Erde, in allen ihren Teilen anwesend ist; dass wir aus dem Geiste in die Materie geboren sind, diese Materie jedoch vom Geiste durchdrungen ist. Du selbst sprichst aus der Perspektive eines Menschen, der den ersten Schritt schon längst getan hat. Für dich ist dieser Teil selbstverständlich und entsprechend legst du großen Wert darauf, dass wir aufhören, die Naturwelt aus unserer Perspektive zu sehen, und ihre Sicht einnehmen. Sage ich das richtig?

Du sagst es richtig, lieber Freund. Ohne dass der Mensch die Beziehung zu seinem wahren Wesenskern wieder findet, hat es wenig Sinn, herumzuschauen und die geistigen Dimensionen anderer Lebensreiche und anderer parallelen Welten zu erforschen. Tut man dies, ohne in seinem Wesenskern zu Hause zu sein, so werden die gewonnenen

Erkenntnisse – wenn es sie überhaupt geben kann – formal und sind dem lebendigen Sein fern. Die gegenwärtige Lage unserer Zivilisation verdeutlicht dies. Zwar haben wir enormes Wissen über die Zusammenhänge in der Natur angehäuft, aber dieselbe Zivilisation ist trotzdem dabei, die Lebensflüsse der Natur gnadenlos zu stören, möglicherweise sogar zu zerstören.

Aus diesem Grunde ist es nur logisch, dass die modernen geistigen Bewegungen seit mindestens 150 Jahren versuchen, den Menschen für die verschiedenen Wege der Selbsterkenntnis zu begeistern, sei es, dass sie der östlichen oder der westlichen Tradition folgen. Einfach gesagt, versucht man den Menschen beizubringen, dass wir keine Bio-Maschinen sind und dass der Sinn des Lebens nicht im Äußeren, sondern im eigenen Innern zu suchen ist.

Leider wirft dieses menschliche Erwachen einen breiten Schatten. Sind die Erkenntnisse der geistigen Forschung nicht geerdet, werden sie zu oft in die mentale Ebene abgehoben. Dies kann sehr trügerisch sein. Ich habe es während meiner vierzigjährigen Interaktion mit den geistigen Bewegungen oft erlebt. Man meint, im lebendigen Geist fest verankert zu sein, steckt jedoch bloß in der *Vorstellung*, dass man im lebendigen Geist fest verankert ist. Der Unterschied scheint winzig klein zu sein, ist jedoch verhängnisvoll. Es kommt zu guru-artigen Ausschweifungen, zu Rivalität zwischen verschiedenen Armen der geistigen Bewegung und zu Äußerungen, die von persönlicher Abgehobenheit zeugen.

Deswegen schlage ich seit einigen Jahrzehnten vor, ein anderes Modell der Selbsterkenntnis zu wählen, eines, bei dem es nicht um lineare Entwicklung, Schritt für Schritt, geht, sondern um mehrere parallele Schritte, die sich nach dem Bedarf des eigenen spirituellen Weges richten. Dabei sollte gerade der Aspekt der Erdung vorrangig in den Plan unseres Weges eingebaut und entsprechend gelebt werden.

Mit Erdung meine ich hier, dass man sich selbst als Mensch nicht nur im geistigen Sinne erkennt, sondern die gleiche Aufmerksamkeit der eigenen elementar-irdischen Natur schenkt. Sie sollte gelebt und im Sinne der eigenen Sensibilisierung entwickelt werden. Dadurch wird die Möglichkeit geschaffen, die geistigen Erkenntnisse im täglichen

Leben zu verkörpern. Dies wiederum bedeutet, dass sie gelebt und nach und nach in der Gesellschaft verwirklicht werden können.

Ich würde es vielleicht so formulieren; Du kannst mich auch korrigieren, wenn es nicht stimmt: Will der Mensch nicht zerstörerisch auf alles andere wirken, muss er in seinem Wesenskern wirklich beheimatet sein. Das heißt, er muss ein Bewusstsein davon haben, dass er ein geistiges Wesen ist, genauso wie die ganze Schöpfung göttlich-geistig ist. Dieses Bewusstsein muss ihn ganz durchdringen und zur absoluten Lebensrealität werden – oder, wie du sagst, es muss verankert sein. Mit anderen Worten könnte man sagen, dass die Erkenntnis nicht im Kopf, im Verstand bleiben darf, sondern im Herzen, im Gefühl ankommen muss. Sie muss den Brustbereich erfüllen, damit sie dann in den Willen einfließen und durch die Handlungen des Menschen in der Welt wirksam werden kann. Die Intelligenz des Herzens ist eine Empathie-Intelligenz, eine Fähigkeit des Mitgefühls. Diese Fähigkeit haben wir aber nicht so ohne weiteres. Üblicherweise ist es so, dass wir die Welt um uns herum als Objekt erleben, das von uns getrennt ist. Bei den indigenen Völkern – bei den alten Slawen, Germanen, Kelten war es wohl auch so – erlebt sich der Mensch dagegen als ein Teil des Ganzen. Er weiß um seine untrennbare Einheit mit der Welt, aber es ist eben kein Kopfwissen, sondern ein unmittelbares Erleben. Dieses Erleben hat der neuzeitliche Mensch verloren. Du sprichst von Sensibilisierung; es geht dabei darum, dass sich die geschlossenen Tore öffnen und der Mensch nicht nur weiß, dass er eins mit allem ist, sondern es auch erlebt – dass es keine Objekte mehr gibt, sondern nur lauter Subjekte. Wenn dieses nicht geschieht, dann passiert eben das, was du beschrieben hast: die spirituell Strebenden heben ab, und wohltuend für die übrige Schöpfung wirken sie nicht.

Deine Aussage, Marko, verstehe ich nun so, dass es nicht richtig ist, zuerst *etwas verstandesmäßig (im Kopf) begreifen* und dann *die Welt anders gestalten zu wollen, sondern dass wir eigentlich in der Mitte, im eigenen Herzen, im Fühlen anfangen müssen und von da aus unser Weltbild ändern. Es gilt, uns in warmen, aus dem Herzen sich ausgießenden Wellen mit einem neuen Weltbild zu erfüllen. Erlebst du das auch so? Und wie soll man das machen? Wie bringt man diese Erdung, wie du sagst, zustande?*

Lieber Radomil, ich unterschreibe alles, was du sagst. Du hast mich bestens verstanden in dem, was ich meinte. Nun zur Beantwortung deiner Frage:

Ich bin sicher, dass es nicht möglich ist, sozusagen wieder Kind zu werden und zurück zur ursprünglichen Einheit mit allem Seienden zu »kriechen«. Es ist nun einmal passiert. Wir haben uns von der Ganzheit getrennt. Nach und nach erkennen wir aber, dass es so nicht weitergeht. Die Krise verschärft sich auf allen Ebenen. Ist man sich dessen bewusst, möchte man etwas unternehmen. Aber was kann man tun?

Du hast oben den Begriff der Sensibilisierung erwähnt. Ja, dies ist, so meine ich, ein Anfang. Eine zweite Möglichkeit wäre die schon vorher angedeutete grundsätzliche Änderung unseres Weltbildes. Damit meine ich vor allem den Aufbau eines Verständnisses dafür, dass es neben den sichtbaren Dimensionen der Wirklichkeit noch andere gibt, die zwar für die äußeren Sinne nicht wahrnehmbar, für eine abgerundete und lebensfähige Wirklichkeit jedoch entscheidend sind.

An diesem Punkt setzt der Prozess der Resensibilisierung an. Im Augenblick sind wir zwar nicht mehr fähig, die feinen Ebenen der Wirklichkeit wahrzunehmen. Wir verstehen aber, warum es unbedingt nötig ist, von der absoluten Kontrolle unseres Verstandes über unsere Wahrnehmungen hinwegzukommen und unsere subtileren Wahrnehmungsfähigkeiten neu zu entdecken bzw. zu entwickeln. Durch den Moment der bewussten Entscheidung ist diese Wiederkehr zur ganzheitlichen Weltwahrnehmung keine reine Wiederkehr, sondern etwas Neues.

Immer wieder begegnen mir Menschen, die einen inneren Drang verspüren, etwa die Wesenheiten der elementaren Welt, die ja für die herkömmlichen Sinne unsichtbar sind, wahrzunehmen und mit ihnen zu kommunizieren. Aus meiner Erfahrung weiß ich, dass es vorrangig gar nicht um die Beziehung zu den Elementarwesen geht, sondern vielmehr darum, an der eigenen Sensibilisierung zu arbeiten. Die Wesenheiten der Natur sind in diesem Fall wohl die besten Lehrer.

Du schlägst also vor, Marko, dass wir uns mit Hilfe der Elementarwesen sensibilisieren, beziehungsweise resensibilisieren. Da wir sie ja meist nicht sehen, müssen wir diesen Wesenheiten der Natur und der Elemente ja eigentlich wie blind vorkommen. Oder ist es so, dass auch sie uns nicht sehen oder sehen können?

Heute ist der lang erwartete 21. Dezember 2012; mir ist heute ein Bild gekommen, in dem ich mich innerhalb von zwei Sphären gesehen oder erlebt habe. In einer kosmischen und in einer irdischen Sphäre, die einander teilweise durchdrangen, so dass eine räumliche Mandorla entstand, in der ich mich befand. Eigentlich ist es ein Bild dessen, wovon wir bereits gesprochen haben – nämlich dass der Mensch Bewohner zweier Welten ist; oder anders gesagt, dass uns zwei Welten ausmachen: die kosmisch-geistige Welt und die irdische. Letztere könnten wir auch als kosmisch, als irdisch-kosmisch bezeichnen, da es sich um den Erdenkosmos handelt. Wir könnten auch von einer eher männlich-göttlichen und einer eher weiblich-göttlichen Sphäre sprechen.

Die Notwendigkeit einer Sensibilisierung, einer Erdung und einer Verankerung eines neuen Welt- und Menschenbildes haben wir erörtert. Ich weiß, dass du dich mit der Frage der vertieften oder auch erweiterten Wahrnehmung ausführlich beschäftigt hast, genauso wie mit der Frage der eigentlich mehrdimensionalen Beschaffenheit der Welt und des Menschen; würdest du vielleicht dieses Ineinanderspielen zweier Sphären etwas näher beschreiben, damit es uns noch deutlicher wird?

Dein Bild von zwei Sphären, die sich überschneiden, eignet sich hervorragend, um das Geheimnis des Menschen besser zu begreifen. Für die erste Sphäre schlage ich den Begriff universell-kosmisch vor, wenn wir schon die zweite irdisch-kosmisch nennen. Universell-kosmisch bedeutet hier, dass darin Kräfte und Wesenheiten wirken, die aus Dimensionen des Universums stammen, die alle Welten des Alls durchdringen und in ihren Entwicklungen unterstützen – das Leben und Weben der Erde eingeschlossen.

Irdisch-kosmisch steht als entgegengesetzter Begriff dafür, dass es um einen autonomen Raum der Erde geht, um ihre spezifische Rolle im Universum und um ihre eigenen erschaffenen Kräfte. Dieser Begriff betont, dass die Kräfte der Erde und das Bewusstsein von Gaia, an dem wir wie alle Wesenheiten teilhaben, die wir in ihre Evolution eingeflochten sind, auch einen kosmischen Charakter haben. Das heißt, dass wir in jedem Moment vom universellen Geist inspiriert und von der Mutter der universellen Schöpfung geliebt werden.

Die alte Gedankenform, bei der das kosmisch Geistige auf der einen und das körperlich Materielle auf der anderen Seite steht, im Sinne von zwei voneinander getrennten Gegensätzen, ist schon längst außer Kraft gesetzt. In manchen Menschenköpfen wird sie dennoch festgehalten.

Spannend ist dein Vorschlag, den Menschen als eine Überschneidung der beiden Sphären zu sehen, als eine Mandorla. Die Mandorla ist jedoch kein Kreis, sondern eine »offiziell« nicht anerkannte geometrische Form, bei der zwei Bögen (weiblicher Aspekt) mit zwei Ecken (männlicher Aspekt) kombiniert werden. Das sieht schon sehr nach einem Menschen aus, da wir alle auch weiblich-männlich polarisiert sind. Die Mandorla symbolisiert auch die geheimnisvolle und gleichzeitig äußerst schwierige Position des Menschen. Wir sind als Wesenheiten des freien Willens relativ unabhängig vom Willen und von der Liebe, die uns von seiten der Gottheit (des Universell-Kosmischen) und seitens Gaia (des Irdisch-Kosmischen) zu lenken und zu beeinflussen versuchen. Wir sind ein dritter Moment im Spannungsfeld zwischen dem, was die alten Griechen als Makro- und Mikrokosmos bezeichnen würden.

Wie du erwähnt hast, befinden wir uns gerade heute, am 21.12. 2012, im Spannungsfeld dieser drei Welten. Heute ergibt sich nämlich, astrologisch gesehen, am Himmel eine gerade Achse, die das Zentrum unserer Galaxis mit dem Zentrum der Sonne und dem Kern der Erde verbindet. Meiner Einsicht nach kommt es dadurch zu einem gewaltigen Kraft- und Wissensaustausch zwischen den drei Weltensphären. Die Auswirkung dieser Aufeinanderreihung werden wir, meiner Meinung nach, erst in den folgenden Jahren in Form einer tiefgreifenden Wandlung unserer Wirklichkeit erleben.

Bei der heutigen Meditation in Ljubljana, die durch unseren Verein VITAAA organisiert wurde, habe ich die Aufeinanderreihung der drei Himmelssphären in diesem Sinne verstanden. Am Rücken spürte ich in der weiten Ferne die Präsenz der zentralen Sonne unserer Galaxis (das Universell-Kosmische) und vor meinem Brustbereich den Kern der Erde (das Irdisch-Kosmische). Dazwischen pulsierte, als Sitz meiner menschlichen Identität, mein Herzzentrum, das auf die beiden Sphären eingestimmt, jedoch autonom ist.

Das Zentrum der Galaxis hinter dem Rücken, die Sonne und das Zentrum der Erde wurden am 21. 12. 2012 aufeinander eingestimmt.

Auf deine Ausführungen, Marko, werde ich gleich näher eingehen; möchtest du dich aber vielleicht zuerst noch mit meiner ersten Frage befassen, der Frage nach den Elementarwesen und unserer gegenseitigen Beziehung?

Das mache ich gern, lieber Radomil; in diesem Thema fühle ich mich zu Hause! Man kann Menschen heute nicht einfach sagen, dass sie zu diesem oder jenem Berg oder Baum gehen und etwas spüren sollen. Es gibt mindestens drei Vorbedingungen, die erfüllt sein müssen, bevor die Beziehung zu den Elementarwesen für die Selbsterkenntnis einen Sinn haben kann.

Zunächst sollte man wissen, dass es nicht möglich ist, die unsichtbaren Ebenen der Wirklichkeit objektiv wahrzunehmen, so wie wir es in der verkörperten Welt gewohnt sind. In dieser sehen wir alles um uns herum als Objekte, die sich außerhalb von uns befinden. Deshalb sprechen wir ständig von der »Umwelt«; das heißt von einer Welt, die mit ihren Wesenheiten oder Ereignissen um uns herum positioniert und so auch wahrnehmbar ist.

Im Falle der unsichtbaren Dimensionen – und die Welt der Elementarwesen oder des Naturbewusstseins gehört dazu – kann man Wesenheiten und Ereignisse aber nur im eigenen Innern sehen bzw. erspüren. Im Äußeren gibt es sie nicht. Wenn man in der Umgebung nach ihnen sucht, wird man sie nie finden. Es geht also darum, nach innen zu schauen, wenn man mit einem Baum oder Fluss kommunizieren möchte.

Die zweite Vorbedingung ist, den Brennpunkt der Wahrnehmung vom Kopf »hinunter« zum Bauch und in den Herzbereich zu übertragen. Das Naturbewusstsein schwingt nämlich nicht in der mentalen Ebene, sondern ist im emotionalen Bereich beheimatet. Es geht dabei aber nicht um jene emotionale Ebene, die wir aus Psychologie kennen, sondern um eine geistige Dimension der emotionalen Welt, die mit dem Herzbewusstsein verbunden ist. Möchte man eine Beziehung zu der Naturwelt aufbauen, ist es folglich wichtig, vom Bereich zwischen Solarplexus und Herzzentrum auszugehen.

Die dritte Vorbedingung hat mit der wahrheitsgemäßen Rolle des menschlichen Verstandes zu tun. Im alltäglichen Bereich spielt der Verstand die Hauptrolle und steht im Wahrnehmungsprozess an erster Stelle. Es ist der Verstand, der entscheidet, ob eine Wahrnehmung der logischen Struktur unseres herkömmlichen Weltbildes entspricht oder nicht. Die Wahrnehmungen der unsichtbaren Welten entsprechen dieser Art der Logik nicht und werden sofort gelöscht.

Um sie behalten und genießen zu können, muss der Verstand im Wahrnehmungsprozess vom ersten Platz weichen und den letzten einnehmen. An erster Stelle sollte unsere emotionale Sensibilität stehen, die es möglich macht, dass Wahrnehmungen, etwa der geistig-seelischen Dimension der Natur, in Interaktion mit unserem mehrschichtigen Bewusstsein treten können. Der Verstand darf sich erst am Ende des Prozesses einmischen, wenn es darum geht, das Wahrgenommene einzuordnen und an der entsprechenden Stelle unseres Erinnerungsvermögens zu speichern. Man muss den Verstand sozusagen so disziplinieren, dass er bereit ist, zumindest einige Bruchteile einer Sekunde zu warten, bis die Wahrnehmung akzeptiert und durch das intuitive Bewusstsein prozessiert wird.

Es ist deutlich, dass unser Denken, unsere Vorstellung von der Welt, oft sehr schematisch ist und dass wir diese Schemata loswerden müssen. Das erste, naheliegendste Schema besagt, dass unsere Welt nur aus Materie besteht. Etwas Übermaterielles, Geistiges gibt es darin nicht. Wenn man dieses Schema überwunden und das Wissen von der Existenz des Geistes erlangt hat, tritt an die Stelle dieses ersten Schemas ein zweites: Man stellt in seinen Vorstellungen den Geist der Materie gegenüber und glaubt, es sind zwei – wie du sagst – voneinander getrennte Gegensätze. Und ich meine, dein Anliegen, Marko, ist es, gerade zu zeigen, dass man mit einem schematischen, toten Denken der Wirklichkeit nicht gerecht wird; denn dieses Denken ist eben reduktionistisch, während die Wirklichkeit vielschichtig, mehrdimensional, lebendig, im steten Wandel begriffen ist. Wir müssen auch lernen, die Erde, die Elemente und deren Wesen für genauso geistig zu halten wie die göttlich-geistigen Wesenheiten des Universums.

Wir wollen aber in diesem Buch nicht theoretisch »philosophieren«, sondern uns ganz lebenspraktisch die Möglichkeiten anschauen, wie ein anderes, lebens- und wirklichkeitsgerechteres Menschen- und Weltbild in der Zivilisationspraxis umgesetzt werden kann. Dieses Bild sollten wir nun noch etwas vertiefen. Um dabei nicht nur auf der theoretischen, also auf der Verstandesebene zu bleiben, möchte ich nochmals auf mein Mandorla-Erlebnis zurückkommen.

Schön wäre es, wenn auch der Leser/die Leserin versuchen würde, es mit mir mitzuerleben, es sich also nicht nur als Bild vorzustellen, sondern sich statt dessen selbst in das vorgestellte Geschehen hineinversetzten und sich darin erleben könnte. Es waren, wie schon gesagt, zwei Sphären, wie zwei Kugeln, die sich überschnitten, und jede hatte eine andere Qualität, jede war eine Welt für sich, mit einer anderen Farbe, einer anderen Schwingung, mit einer anderen Gefühlsatmosphäre. Und da, wo sie sich überlagerten, habe ich als Mensch gestanden, in jenem besonderen, geheimnisvollen Raum, wo beide Qualitäten wirksam waren, wo sich diese beiden Welten jedoch nicht nur durchmischten, sondern eine eigenständige dritte Welt entstand, die eine eigene Qualität hatte. Es war ein Raum, der an den beiden anderen Räumen teilhatte, indem er ein Bestandteil von ihnen war, eins mit ihnen, und dennoch stand er für sich und hatte etwas, was die beiden anderen nicht hatten. Es war das Geheimnis des Menschen. Es war aber auch das Geheimnis der wahren Mitte und letztendlich war es das Geheimnis des Christus, denn es heißt: »Da wo zwei in meinem Namen versammelt sind, da bin ich mitten unter ihnen« (Mt 18,20). Nicht umsonst wird Christus in der Mandorla dargestellt. Der Mensch existiert also als ein potentieller Christus, im Spannungsfeld zwischen zwei sich überschneidenden Kosmen.

Anhand dieses Bildes und Erlebnisses kann man begreifen, dass es wenig Sinn hat, ausschließlich von Objekten zu sprechen. Statt dessen wissen wir und können es auch erleben, dass wir eine Sphäre mit den Elementarwesen bilden. Sie existieren in uns selbst; dasselbe gilt auch etwa für die Welt der Verstorbenen oder, genauer gesagt, für die Welt der zur Zeit nicht verkörperten menschlichen Seelen: Auch sie sind ein Bestandteil von uns selbst. Wenn man dies nicht nur weiß, sondern auch erlebt, dann kann man dies das intuitive Bewusstsein nennen, oder? In der Anthroposophie spricht man von der Entwicklung des menschlichen Bewusstseins vom Instinkt über den Intellekt zur Intuition, wobei Intellekt hier in etwa mit dem rationalen, kontrollierenden Verstand gleichgesetzt werden kann. Die Überwindung des Intellekts durch die Intuition ist dort ein großes Thema. Sie wird als große Aufgabe der heutigen Menschheit gesehen, von deren Aufgreifen das Weiterbestehen der Zivilisation abhängt.

Um ehrlich zu sein, muss ich sagen, dass mir inzwischen die Rangordnung vom niederen Instinkt hinauf zum Intellekt und schließlich zur Intuition fremd geworden ist. So ein Konstrukt kann nur den Sinn haben, den modernen Menschen aufzufordern, sich aus der Abhängigkeit vom Verstandesdenken zu lösen.

Wenn die instinktive Ebene des Bewusstseins als minderwertig angesehen wird, empfinde ich eine solche Aufstufung als unangemessen. Was »instinktiv« genannt wird, ist letztlich das ganzheitliche Bewusstsein der Pflanzen, Tiere, Elementarwesen – und auch des Menschwesens, insofern wir am Leben der Naturreiche teilhaben. Das tragische Schicksal der Tiere in der Massenhaltung, die Ausbeutung ihrer Potentiale und vieles mehr spiegelt den Willen des Menschen, sich von seiner elementaren Dimension des Seins und des Bewusstseins zu trennen. Aber wenn wir diese Trennung vollbringen – was haben wir dann eigentlich noch auf diesem Planeten des verkörperten Lebens zu suchen?

Es ist mein besonderes Anliegen, das Tier im Menschen zu ehren und seine Bedeutung für unser verkörpertes Leben zu unterstreichen – und so auch das Instinktive (das Elementare) in uns Menschen. Es ist doch klar, dass wir mit den Tieren eng verwandt sind und dadurch auch teilhaben, sowohl an ihrer kosmischen als auch an ihrer irdischen Dimension. Mit der kosmischen Dimension meine ich die Tugenden und geistigen Qualitäten des Tierkreises, durch die unsere seelische Entwicklung inspiriert und gefördert wird. Nicht minder wichtig ist ein zweites Geschenk der Tiere an uns Menschen: die Möglichkeit, sich in einem biologischen Körper zu verkörpern. Es ist ein Weg der Inkarnation in der Materie, den die Tiere für uns Menschen ausgearbeitet haben. Und entlang diesem bewegen wir uns noch heutzutage.

Das elementare (instinktive) Bewusstsein, das wir durch die Verwandtschaft mit den Tieren kennengelernt haben, hätte jedoch keine Bedeutung für unsere Weiterentwicklung, wenn wir nicht seinen Gegenpol entdeckt hätten. Ich meine damit das logische Verstandesdenken. Aufgrund der Fähigkeit, logisch zu denken, sind wir befähigt, freie Entscheidungen zu treffen und innerhalb des Erdkosmos schöpferisch zu werden.

Folglich sehe ich beides, das instinktiv/emotionale wie das logisch /rationale Denken, als gleichwertig an. Für das Menschsein sind sie beide von größter Wichtigkeit. Aber da ist auch noch das intuitive Denken, ganz so, wie du es angedeutet hast, lieber Radomil.

Ich setze das intuitive Denken mit dem Herzbewusstsein gleich. Das Herzbewusstsein ist für mich in der Mitte zwischen dem elementaren und dem logischen Denken positioniert. Wenn das elementare Bewusstsein im Bauch (Solarplexus) zusammenläuft und das logische im Kopf (»drittes Auge«), so ergibt sich als Zentrum des intuitiven Denkens die Mitte dazwischen, also der Herzbereich.

Das intuitive Bewusstsein empfinde ich als Instanz, die fähig ist, die Polarität von Bauch und Kopf zu überwinden und eine Synthese dieser beiden Extreme zustandezubringen. Aber mehr noch! Das Herz ist auch das Tor des Bewusstseins, durch das Impulse der geistigen Ebenen der Erde und die der Welt der Ahnen oder der Engelwelt einfließen und uns inspirieren können.

Nach meinem Verständnis sieht es etwas anders aus: Im instinktiven Bewusstsein lebte der Mensch ein Einssein mit der geistigen Welt, mit den geistigen Wesenheiten, ob kosmisch-irdischer oder kosmisch-universeller Herkunft. Dann stieg er hinunter *in die materielle Welt, in die Dualität, in das Objekt-Denken, und verlor die unmittelbare Verbindung mit den übersinnlichen Dimensionen des Seins. Aus der Einheit und Ganzheit fiel er heraus. Dadurch verlor er auch seine Instinkte, die nichts anderes als die Verbindung mit der göttlichen Welt sind, und es blieb ihm nur noch der Intellekt. Daher kann man nicht so ohne weiteres sagen, dass man vom Instinkt höher zum Intellekt aufsteigt; man geht* weiter, *entwickelt sich jedoch nicht unbedingt* höher. *Es ist schon so, dass der intellektuelle Mensch sich im allgemeinen gegenüber einem Naturmenschen, einem Indigenen, in dem noch Instinkte leben und in dem der Intellekt noch nicht erwacht ist, für etwas »Besseres« oder höher Entwickeltes hält. Doch gerade darin liegt die Tragik des Intellekts. Der intellektuelle Mensch ist sich dessen nicht bewusst, was er verloren hat, und es bedarf einer gewissen Anstrengung, um wieder zur Intuition, also zu einer Wiedervereinigung mit dem Geistigen zu gelangen.*

Das tragische Schicksal der Tiere in der Massenhaltung konnte der Mensch nur herbeiführen, weil er sich nicht mehr mit ihnen in Einheit erlebt, weil er das Leiden der Tiere nicht mehr mitempfindet. Sie sind für ihn zu Objekten geworden.

Schön ist, Marko, dass du hier die doppelte Bedeutung der Tiere für uns Menschen ansprichst. Darunter fällt einmal die geheimnisvolle geistige Dimension der Tiere, in der sie gewisse Tugenden und Qualitäten wie Kraft, Erhabenheit, Liebe, Wahrhaftigkeit und so weiter nicht nur symbolisieren, sondern sie in den geistigen Welten auch hüten und mit ihnen sozusagen verschmelzen. Und dann ist da noch das Opfer des Tieres, sein Geschenk an uns, nämlich dass wir aus den geistigen Welten heruntersteigen und uns verkörpern konnten. – Ehre sei dem sich hinopfernden und dem geistigen Tier im Menschen!

Das Tier im Menschen

Die Schlüsselaufgabe des Herzens ist damit deutlich – sie ist etwas, das, wie ich meine, immer mehr Menschen spüren: Ohne »Herzensblut«, ohne Gefühl, ohne Liebeskraft, treibt uns der kühle, kalkulierende Verstand, verbunden mit dem Willen, mit der Kraft der Umsetzung, in den Abgrund der Vernichtung. Ohne unser Herz verursachen wir nur Leid und Zerstörung.

Vielleicht kannst du, lieber Marko, etwas näher auf die Möglichkeiten eingehen, wie wir Menschen das Herzbewusstsein entwickeln und von der Logik des Kopfes zur Logik des Herzens kommen können.

An dieser Stelle muss ich zunächst meine Überzeugung aussprechen, dass es den direkten Weg vom Kopf »hinunter« zum Herzen gar nicht gibt. So etwas ist meines Erachtens eine reine Illusion!

Ich selbst habe versucht, diesen Weg zu gehen, und auch andere Einzelpersonen oder geistig orientierte Gruppen dabei beobachtet. Man setzt sich für das Gute ein, erlernt gewisse Muster des Denkens und Verhaltens im Sinne der indigenen Kulturen, der östlichen Weisheit oder der westlichen Tradition, und versucht, sie sich anzueignen. Man meint, zu einem Herzensmenschen geworden zu sein, bemerkt dabei aber nicht, dass das, was man lebt, keine Wirklichkeit, sondern ein Willensakt ist, also eine mental fundierte Bestrebung, auf der Herzebene zu verweilen. Auf diesem Wege schlüpft Kitsch und Erwerbsinteresse in die geistigen Bewegungen hinein; oder es fehlt ihren Tätigkeiten am Feuer der Verwirklichung.

Der Weg zum Herzbewusstsein ist ein Weg der Wandlung. Dies bedeutet, dass es gewisse Vorbedingungen gibt, um den Weg zum Herzen gehen zu können. Als erstes sollte beständig an der Umwandlung festgefahrener Muster des Fühlens und Denkens gearbeitet werden. Dadurch wird ein bestimmter Grad an Ehrlichkeit erlangt, durch den die Tore zur Gefühlswelt geöffnet werden. Mit der Gefühlswelt meine ich keine oberflächlichen, sondern ethisch fundierte Gefühle, wie das Gefühl für Gerechtigkeit, für die Nöte anderer, seien es Menschen oder Wesenheiten der Natur, das Gefühl für das, was wahr oder nicht wahr ist und so weiter. Es geht also nicht um Gefühle im psychologischen Sinne, sondern um kosmische Tugenden, die in der Tiefe der menschlichen »Unterwelt« (Bauchbereich) gespiegelt werden.

Vom Kopf hinunter zum Herzbereich

Die beständige Wandlung der veralteten Gedankenmuster, wann immer sie an der Oberfläche des eigenen Lebens auftauchen, verkoppelt mit der immer tieferen Verankerung in der ethisch gelebten Gefühlswelt, öffnet den Weg zum Herzbewusstsein. Er führt von unten nach oben, also aus dem Urmeer der Gefühlswelt im Bauchbereich in Richtung Herz.

Das Herz ist ein Kosmos für sich. Es lässt sich kaum erklären, wie das Herzbewusstsein zustandekommt. Theoretisch würde ich von einer Interaktion zwischen der Sensibilität der aufsteigenden Gefühlsimpulse und den Inspirationen, die aus der Breite des Universums stammen, sprechen. Das Herzzentrum steht in Resonanz mit den verschiedenen Dimensionen des Kosmos und ist dadurch für ein breites Spektrum an Impulsen offen.

Ist man einmal auf diese Weise im Herzbewusstsein verankert, so stellt das vorübergehende Springen in das logisch-verstandesmäßige Bewusstsein kein Problem mehr dar. Geht man von der Herzmitte aus, ist man frei, das Bewusstsein dorthin zu lenken, wo es im Moment gebraucht wird. Dies gilt auch für den Dialog mit den unsichtbaren Ebenen des Seins, sowohl für die telepathische Art der Kommunikation zwischen Menschen, als auch die mit den Wesenheiten der Natur. Das Herz ist eine unerkannte Schatztruhe.

Das Herz ist eine unerkannte Schatztruhe, ein Kosmos für sich, ein Orakel und ein Mysterium. Es ist ein Mysterium, also ein Geheimnis deswegen, weil es vom Kopf aus nicht verstanden, nicht logisch begriffen werden kann. Und es kann auch nicht vom Willen, vom Bauch aus beherrscht werden. Das Herz ist eben der Raum, der zwischen den Polen, zwischen den Extremen vermittelt. Es ist jedoch nicht Durchschnitt der beiden. Statt dessen hat es seine eigenen Gesetzmäßigkeiten. Während der Kopf rechnet und nur die Kategorien »Soll« und »Haben« kennt, ist das Herz ausgiebig, das heißt es gibt aus; und je mehr es ausgibt, desto mehr hat es. Im Herzensraum gilt: Je mehr man gibt, desto reicher ist man. Je mehr man nicht gibt und für sich behält, desto ärmer ist man.

Um das energetische Herz richtig zu verstehen, müssen wir unser Verständnis vom physischen Herzen ändern. Denn das physische Herz ist, wie Rudolf Steiner immer wieder betonte, keine Pumpe, sondern ein Sinnesorgan und ein Dienstorgan. Das Herz pumpt nicht das Blut in den Organismus, sondern es wird durch das strömende Blut in Gang gehalten und angetrieben. Durch das Blut nimmt das Herz die Bedürfnisse des Körpers wahr und bemüht sich selbstlos, sie zu befriedigen.

Durch das Herz, also durch das energetische oder seelisch/geistige Herz, ist der Mensch fähig, mitzufühlen und dadurch die Subjekt/Objekt-Trennung zu überwinden; auch kann er seine innere (Gewissens-)Stimme hören oder mit anderen Welten in Kontakt treten.

Das alles ist aber nur möglich, wenn das geistige Herz, also die Intuition in uns erwacht. Dies können wir uns jedoch weder ausdenken noch mit dem Willen erzwingen. Wir müssen den Willen einsetzen und anstrengen – zum Beispiel indem wir spirituelle Übungen durchführen – um die Voraussetzungen für die Öffnung des Herzens zu erfüllen, doch die Erfüllung der Voraussetzungen allein reicht nicht aus. Dies wäre ja die Kopflogik. Statt dessen bedarf es zusätzlich einer großen Portion Gnade, damit es passieren kann. Und der Augenblick, in dem es passiert, ist dann die Wandlung, wie du, Marko sie bezeichnet hast, oder – wie man auch sagen könnte – die Umstülpung, die Um- und Einkehr, das Durchgehen durch das Nadelöhr.

Eigentlich sage ich damit nichts Neues; ich wollte es nur nochmals betonen, damit die eigene Qualität oder die Eigenständigkeit des Herzensraumes in unserem Bewusstsein deutlich hervortreten kann.

Wenn man sich in die Qualität des Herzbewusstseins vertieft, beginnt man zu ahnen, wie völlig anders eine Kultur und Zivilisation aussehen würde, die auf diesem Bewusstsein aufgebaut wäre beziehungsweise aus ihm hervorginge – völlig anders als die heutige Zivilisation des Kopfverstandes.

Ja, Radomil, eine Zivilisation der Zukunft kann nur aus dem Herzimpuls entstehen, denn im Herzen sind, wie in einem Samen, die Grundelemente dessen schon enthalten, was wir uns als eine ausgewogene und kooperative Gemeinschaft aller Wesenheiten auf Erden vorstellen können. Obwohl du manches davon bereits erwähnt hast, möchte ich doch einige Grundelemente unseres Herzsystems nochmals aufzählen, einfach um der Klarheit Willen. In diesem Sinne sehe ich das Herz nicht als ein einheitliches Organ, sondern als eine Konstellation, die aus verschiedenen Kraftzentren zusammengesetzt ist. Jedes dieser Kraftzentren spielt eine eigenständige Rolle im Herzsystem. Dennoch werden sie fast alle vom Verstandesbewusstsein ignoriert.

Als erstes möchte ich deine inspirierenden Worte zum Aspekt der Schatztruhe aufgreifen, als der der Herzmuskel sogar der Verstandeskultur bekannt ist. Innerhalb des Herzmuskels sehe ich ein Kraftzentrum pulsieren, das einem großen und fein geschliffenen Rubin gleicht. Meiner Wahrnehmung nach handelt es sich dabei um ein holographisches Teilstück (ein Fraktal) des Herzens der Erdmutter und Erdschöpferin, die wir der antiken Tradition folgend heutzutage wieder Gaia oder Gäa nennen.

Ein solches Teilstück des Herzens von Gaia sehe ich auf unterschiedliche Art und Weise in allen Wesenheiten des Lebensgewebes der Erde pulsieren, sei es, dass es sich um Landschaften, Tiere, Elementarwesen oder Berge handelt. Es ist der Herzaspekt, der uns alle in einer umfangreichen und vielschichtigen Gemeinschaft miteinander verbindet. Nur alle gemeinsam, die Sichtbaren und Unsichtbaren, stellen wir die Ganzheit des Herzens Gaias dar. Es handelt sich um ein gewaltiges, die Gaiakultur bildendes Potential, das wir alle in uns tragen. Es muss unbedingt aktiviert werden, um die Gefahr des Aussterbens des Lebens auf Erden abzuwenden.

Zum zweiten möchte ich das so genannte »elementare« Herz erwähnen, das hinter der Endspitze unseres Brustbeins lokalisiert ist. Diesen Herzaspekt haben wir mit allen Elementarwesen gemeinsam, die die Intelligenz der Erde und ihre Lebensströme »verkörpern«. Einen bestimmten Gesichtspunkt der Intelligenz der Erde und des Erdlebens stellen auch wir Menschen dar, insofern wir an der Entwicklung des Lebensgewebes auf diesem einzigartigen Planeten teilnehmen.

Durch das Bewusstwerden und Pflegen der Potentiale des elementaren Herzens wäre es möglich, eine menschliche Gemeinschaft auf Erden zu bilden, die im Einklang mit allen Lebensaspekten und Wesenheiten der irdischen Welt schwingt.

Ohne alle Gesichtspunkte des menschlichen Herzsystems ausschöpfen zu wollen, möchte ich noch das Fraktal des universellen Herzens der Gottheit beschreiben, das ich beim Menschen im Rahmen des Herzzentrums wahrnehme. Traditionsgemäß handelt es sich um den Funken der göttlichen Präsenz, der in jedem menschlichen Herzen zu finden ist. Ich sehe diesen Funken als ein gold-grünes Kügelchen, unmittelbar unterhalb unseres Herzzentrums positioniert. Das Potential des Mitgefühls und der Nächstenliebe ist darin eingeschrieben. Durch dieses sind wir befähigt, liebevoll und kreativ mit allen Wesenheiten des Universums zu kommunizieren und Gemeinschaften zu bilden.

Komplementär dazu gibt es einen Bereich, der einem fein geschliffenen roten Steinchen ähnelt. Innerhalb unseres Universums der Herzsterne verkörpert er die Präsenz der Göttin.

Letztlich dürfen wir das eigentliche Herzzentrum (Herzchakra) nicht vergessen. Ich betrachte es als den Sitz der Eigenständigkeit (Identität) jedes einzelnen Menschen. Es sind darin die einmaligen seelisch-geistigen Potentiale des jeweiligen Menschen eingeschrieben, sein spezifischer Beitrag zur menschlichen und kosmischen Gemeinschaft. Die Zeichnung, die ich beigelegt habe, weist auf weitere Dimensionen unserer Herzenskonstellation hin.

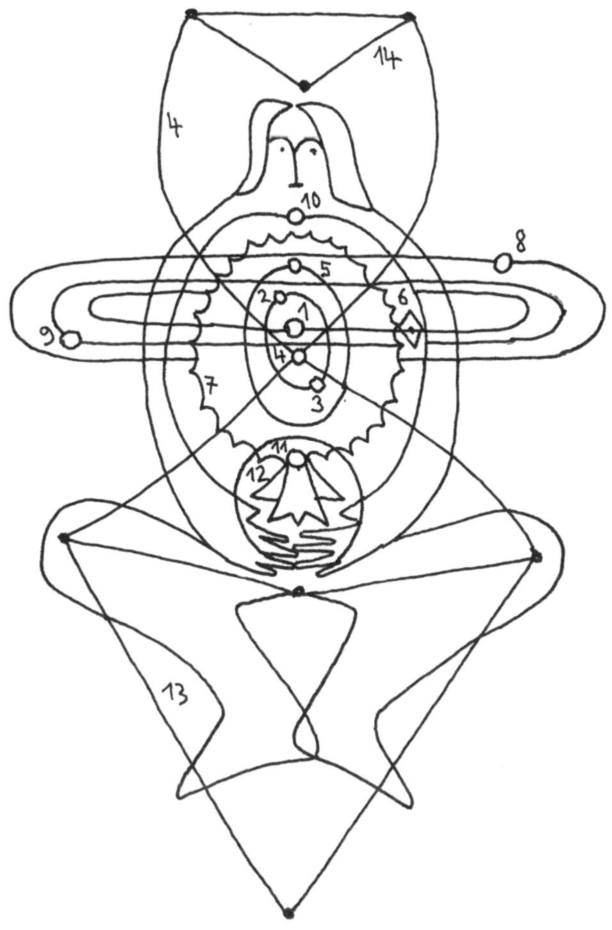

Das Universum des Herzraums: (1) das persönliche Herzzentrum; (2) ein holographisches Teilstück der Präsenz der Göttin und (3) des Gottes; (4) das Herzsystem unseres Feenwesens; (5) der seelische Aspekt des Herzens; (6) ein holographisches Teilstück des Herzens der Erde; (7) der Resonanzraum des Tierherzens im Menschen; (8) der kosmische Aspekt des Herzens am Rücken; (9) der Kommunikationsfokus des Herzens vor der Brust; (10) der kreative Aspekt des Herzens; (11) das elementare Herzzentrum; (12) Erdungssystem der Herzkonstellation; (13) die irdische Antenne des Herzsystems; (14) die kosmische Antenne des Herzsystems.

(Gemeinsam erarbeitet mit Simona Čudovan.)

Danke, Marko, für diese schöne Differenzierung! Ich finde sie einleuchtend, und es werden dadurch ja die einzelnen Funktionen, wenn man das so sagen kann, des energetisch-geistigen Herzens, also die breite Palette jener Potentiale deutlich, die im Herzen schlummern oder schon mehr oder weniger anfänglich zu wirken begonnen haben.

Der Übersichtlichkeit wegen fasse ich das von dir eben gesagte nochmals zusammen: Jeder Mensch ist eine Individualität mit eigenen Aufgaben, mit eigenem Beitrag für das Ganze – diese Individualität stellt seine Identität dar und ist als sein eigentliches Herzchakra wahrnehmbar. Für mich ist das der Wesenskern des Menschen. Es ist das, was durch die Inkarnationen durchschreitet. Im Herzchakra »äußert« es sich, wenn ich das richtig verstehe. Korrigiere mich bitte, wenn ich da falsch liege.

Als eigene Aspekte des Herzens haben wir dann die beiden sogenannten göttlichen Funken, durch die wir an der Gottheit teilhaben: Sie sind das Göttliche in uns. Den dritten Aspekt nennst du den elementaren; durch ihn sind wir mit den Wesen der Elemente und mit der Intelligenz der Erde verbunden. Wir sind ein Teil von ihnen und von ihr. Der vierte Aspekt, sagst du, verbindet uns mit Gaia, mit dem Wesen unseres Erdplaneten selbst, also mit deren Seele oder Geist – einfach gesagt mit der Erdmutter. Gerade dieses Bild, oder diese Beobachtung, finde ich schön: dass jeder von uns einen Rubin in seinem Herzen trägt, der mit dem Rubinherzen unserer Erde identisch ist.

Die Erde – ihre Wesen – die kosmisch-göttliche Welt – der Mensch selbst: das wären die vier Aspekte, die du genannt hast.

Deutlich ist, dass wir über das Herz mit anderen Welten verbunden sind – und noch stärker verbunden sein könnten – nicht nur mit anderen Welten, sondern letzten Endes auch mit uns selbst, mit unseren wahren Intentionen, mit dem, was wir wirklich sind.

Die Frage bleibt bestehen, wie wir die Potentiale des Herzsystems, die geschildert wurden, zur Entfaltung bringen können. Denn davon, ob und inwieweit dies gelingt, hängt doch das Schicksal unserer Zivilisation ab! Du sagtest, dass sich das Herzbewusstsein durch Wandlung entwickelt und der Weg von unten nach oben gehen muss. Du sagtest auch, dass es kaum erklärt werden kann, wie das Herzbewusstsein zustandekommt. Vielleicht kannst du aber doch versuchen, auf diese Frage noch einmal näher einzugehen und ein paar Tips geben oder Erfahrungen austauschen...

Was das individuelle Herzchakra betrifft, möchte ich meine Ausführungen etwas erweitern, um einen wichtigen Gesichtspunkt des Herzsystems nicht außer acht zu lassen. Es handelt sich dabei um einen kosmischen Aspekt des Herzchakras, den ich als seinen Rückenaspekt wahrnehme. Ich spreche vom »kosmischen Herzen« oder vom »Herz hinter dem Herzen«. Ich meine, es geht hier um ein holographisches Teilstück des Herzens unseres Universums, den potentiell alle Wesenheiten in sich tragen, die an seiner Entwicklung teilnehmen. Ich habe Kraftteile des kosmischen Herzens an verschiedenen Orten der Erde gefunden, wie z.B. unterhalb der Basilika des Heiligen Markus in Venedig. Es ist aber auch am Rücken des Menschen wahrnehmbar, wenn er im Prozess ist, zu seiner kreativen Rolle im Erdkosmos zu erwachen.

Im Zusammenhang mit deiner Frage, lieber Radomil, möchte ich betonen, dass der Weg von der elementar-emotionalen Ebene Richtung Herzsystem nicht der einzige Aspekt des Weges ist, den ich vorschlage. Eine zweite wichtige Gesetzmäßigkeit ist diese: Zum Erwachen des Herzens kann man nicht dadurch gelangen, dass man sich bloß an der Entwicklung der dazu gehörigen Kraftzentren übt. Das Herz öffnet sich sozusagen von selbst, wenn man dabei ist, bestimmte ethische Qualitäten und Tugenden im alltäglichen Leben zu verwirklichen oder in die Tat umzusetzen. Tue etwas Gutes für die Tierwelt, nimm die Beziehung zu der Welt der Elementarwesen auf, hilf deinen Mitmenschen in Not und so weiter, und dein Herzsystem wird wacher werden.

Nicht minder wichtig ist es, an der Erkenntnis und Wahrnehmung der verschiedenen Gesichtspunkte der eigenen Herzkonstellation zu wirken. Ich schlage dazu eine einfache Übung vor, die für alle »Sterne« der Konstellation passt.

Lenke deine Aufmerksamkeit zu einem der erwähnten Kraftzentren der Herzkonstellation. Stelle dir innerhalb des Zentrums ein Lichtkügelchen vor. Dann beginnst du, das Kügelchen im Kraftzentrum zu drehen bzw. hin und her zu wälzen. Das tust du mit Hilfe der Resonanz, indem du das imaginäre Kügelchen mit den Fingern einer Hand drehst und wälzt. Praktisch gesehen, reibt man die Fingerkuppen von Daumen und Zeige- oder Mittelfinger aneinander. Die Hand kann im Schoß ruhen und braucht die entsprechende Stelle am Körper gar nicht zu berühren. Die Übung wirkt nur, wenn die Resonanzbrücke zwischen den reibenden Fingern und dem entsprechenden Herzzentrum bewusst aufrechterhalten wird. Sie wird dadurch gepflegt, dass man beständig darauf lauscht, was sich im jeweiligen Herzzentrum tut. Danach kann man zu einem anderen der Herzzentren wechseln.

Die Übung mit dem Kügelchen in Resonanz mit den einzelnen Herzaspekten

Um die Zentren untereinander unterscheiden zu können, kann man verschiedene Farben verwenden. Dem elementaren Herzzentrum entspräche, zum Beispiel, die milchige Farbe des Mondes, dem kosmischen Herzen die Farbe Blau, dem Herzchakra schreibt man die Farbe Grün zu, dem Fraktal der Präsenz der Göttin die Farbe Rot und dem Funken des göttlichen Herzens die Farbe des Goldes. Beim Fraktal des Herzens Gaias wurde bereits der Rubin erwähnt. Man sollte dabei auch auf die eigenen Erfahrungen achten und ihnen folgen.

Die Kultur der Zukunft muss also eine Kultur des Herzens sein. Das heißt, dass sie von Menschen geschaffen wird, deren Herz erwacht ist. Um diese Kultur vorzubereiten – und das scheint mir angesichts der allgegenwärtigen Zerstörung, die wir, vom Kopf aus gesteuert, anrichten, als äußerst dringend und wirklich brennend – müssen wir schon heute versuchen, unser eigenes Herz zu öffnen, es zu weiten und uns zu wandeln. Wir haben gesagt, dass wir uns das vom Kopf her zwar sagen und es auch wollen können, doch wird die Öffnung des Herzens eigentlich weder vom Kopf, vom Verstand noch vom Bauch, vom Willen erreicht. Wir können nur Vorbedingungen schaffen und müssen dann hoffen, dass es passiert, dass uns diese Gnade gewährt wird.

An den Vorbedingungen können wir auf zweierlei Art und Weise arbeiten. Wir können Übungen ausführen, wie etwa die, die du, Marko, vorgeschlagen hast, und unsere Aufmerksamkeit auf unser Herz, auf seine einzelnen Aspekte richten. Dadurch können wir – so stelle ich es mir vor – diese Aspekte wie aus dem Schlaf wecken, sie hervorheben und stärken. Wir müssen auf unser Tun achten und uns für das Gute in der Welt einsetzen, müssen unsere – wie du sagst – Tugenden verwirklichen. Zu diesen Herzenstugenden gehören bestimmt auch Dankbarkeit, Demut und Wahrhaftigkeit; außerdem Mitleid, womit eigentlich unser Mitgefühl, also die Fähigkeit mit den Mitmenschen oder anderen Geschöpfen mitzufühlen, bezeichnet ist. Um mitfühlen zu können, muss ich aber eigentlich diese Fähigkeit schon entwickelt haben, sonst fühle ich nicht mit. So ist es wohl auch mit den anderen Tugenden. – Ich kann sie erst dann verwirklichen, wenn ich sie schon in mir habe; und wenn ich sie schon in mir habe, kann ich nicht anders als sie zu verwirklichen... Also die Frage ist, wie eigne ich mir diese Tugenden an? Denn wieder: Vom Kopf und vom Bauch aus geht es eigentlich nicht. Ich kann mir nicht befehlen, ich werde jetzt dankbar und demütig sein.

Es mag vielleicht als ein bloß philosophisches Problem erscheinen, als ein Sophistisieren, doch für mich ist es wirklich eine Frage: Wie wird der Mensch zu einem Liebenden; denn darum geht es hier eigentlich.

Ah, Radomil, dies ist sicher kein Sophistisieren, sondern eine harte Tatsache! Menschen werden oft erst durch hartnäckige Angriffe der dämonischen Kräfte – der sogenannten Gegenkräfte – dazu gebracht, ihr Herz zu öffnen. Erst nachdem wir durch Kräfte und Wesenheiten gepeinigt werden, die kein Herz und kein Erbarmen kennen, wird die reinigende, gutmütige und wahrheitsgetreue Qualität der eigenen Herzkonstellation erkannt und geehrt. Es muss nicht unbedingt so ablaufen, jedoch geschieht es gewöhnlich auf diese Art und Weise.

Zu oft geschieht eine solche harte Schulung des Herzens nicht durch die dämonischen Kräfte selbst, sondern, leider, durch unsere Mitmenschen, die von diesen Kräften falsch inspiriert und auf Seitenwege der Evolution gelockt werden. Durch den Druck der menschlichen Machtausübung und die Erfahrung der Grausamkeit in ihrer Gier nach Geld und Haben kann der Moment der geistigen Inspiration kommen, aufgrund dessen die heilende und tröstende Kraft des Herzens entdeckt wird.

Damit möchte ich nicht die Kräfte im Universum preisen, die ihre Anbindung an die zukunftsweisenden Entwicklungen im All verloren haben und nun der Wahrheit und der Liebe entgegenwirken. (Als solche werden sie mit dem Begriff der Gegenkräfte benannt.) Überhaupt nicht! Es ist mir jedoch wichtig zu betonen, dass es im Universum keine Dualität zwischen Gut und Böse gibt, sondern dass auch die dunklen Mächte eine positive Rolle in der Gesamtentwicklung spielen – in unserem Fall bei der Entdeckung der Herzqualitäten.

Es gibt natürlich auch einen zweiten Strang der Wege, die zum Erwachen des Herzsystems führen können. Ich denke dabei an die Begegnung mit liebenden Menschen, mit ihrem Mitgefühl oder mit dem Zauber ihrer Liebe, den man erfahren hat. Wie bei einer Blume öffnen sich, angestrahlt von der warmen Berührung der Sonne, die Blütenblätter unseres Herzens. Sie mögen sich in Zeiten persönlicher Krisen, in die wir vielleicht geraten, wieder schließen – aber sie schließen sich nie mehr endgültig! Die Liebeserfahrung bleibt in die Erinnerung der Herzkonstellation eingeschrieben und wird dabei helfen, dass es zu einer erneuten Herzöffnung kommen kann.

Auch die liebende Berührung der Natur, der Elementarwesen der Bäume, der Berge und so weiter kann zur einen Quelle der Herzöffnung werden. Viele Menschen suchen heutzutage die liebende Berührung an Orten der Natur, die weit vom Chaos der modernen Gesellschaft entfernt sind. Auch solch ein Weg ist möglich, unter der Bedingung, dass man lernt, die liebende Berührung der Naturwesenheiten in das eigene Alltagsleben zu integrieren. Dies bedeutet, dass man selbst zu einer Quelle der Herzqualitäten in seiner Umwelt wird. Geht man nur in die Natur, um dort »die Liebe zu tanken«, so ist man ihrer Liebe nicht wert.

Das Bild einer Blume, das du benutzt hast, finde ich schön: Wir können Bedingungen dafür schaffen, dass die Blume in uns mit allen Blütenblättern, Staubgefäßen und so weiter – das heißt das ganze Herzsystem – ausgebildet wird. Doch für das Öffnen der Blume ist die warme Berührung der Sonne nötig. Diese Öffnung oder dieses Aktivieren können wir nicht herbeiführen, sondern nur dankbar empfangen.

Aus dem, was du, lieber Marko, sagst, ist auch deutlich geworden, wie wichtig die Begegnung mit anderen Menschen, oder aber mit anderen Wesenheiten, ist: Wir können und müssen bei den Übungen die Aufmerksamkeit auf unser Inneres richten, dürfen jedoch dabei unsere Umwelt nicht vergessen. Gerade an der Not eines anderen Menschen, aber auch der der Natur und ihrer Wesen oder auch der des Erdplaneten kann unser Herz erwachen.

Du beschreibst zwei Wege der Herzöffnung: einmal durch Gegenkräfte, die auf uns Menschen einwirken können, und dann durch die Berührung liebender Menschen oder der von Naturwesenheiten. Ich denke, wir können und müssen eigentlich auch darauf hoffen, dass uns liebende Wesenheiten der geistigen Welt (und ich würde da nicht zwischen der irdisch-geistigen und der universell-geistigen Welt unterscheiden) auf unserem Weg helfen wollen – Wesenheiten, die Liebe verkörpern. Ich denke dabei an Engelwesenheiten, an Christus.

Ich bin der Meinung, dass Liebe nicht nur eine Emotion der Menschen ist, sondern eine reale, objektiv-subjektiv existierende Kraft darstellt – und sie ist vielleicht auch die Kraft, die unser Herz zu öffnen vermag; sie ist die »warme Berührung der Sonne«, von der du sprichst. Ist das so?

Danke, Radomil, dass du uns daran erinnerst, die Liebe als eine subjektiv-objektive Kraft des Universums zu sehen. Der westlichen Tradition gemäß, wird sie durch das ganze Universum hindurch als eine äußerst fein gemusterte Membran getragen und gehalten. Diese Membran ist identisch mit den Wesenheiten der höchsten Potenz, die Seraphim genannt werden. Sie ist vielschichtig und dehnt sich durch alle Atome, Galaxien, Welten und Wesenheiten, die das Gewebe des Universums zusammensetzen, aus. Das ganze Universum ruht darin,

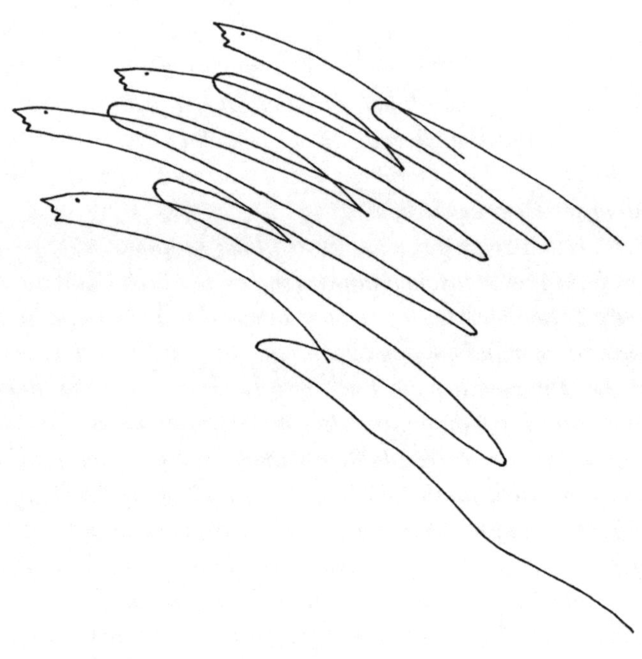

Die Membran der kosmischen Wesenheiten der Liebe

beziehungsweise bewegt sich damit. Deswegen wird gesagt, dass Liebe die grundlegende Kraft und Qualität des Alls ist.

Das heißt aber nicht, dass wir alle schon automatisch zu Wesenheiten der Liebe werden, da wir bis auf das letzte Atom von ihrer Kraft (unwissend) durchdrungen sind. Um zu solchen zu werden, müssen wir lernen, die verschiedenen Qualitäten der Liebe in unserem Gemüt und in unseren Taten zu verwirklichen. Dabei haben wir potentiell viele Helfer.

Als erstes sind da unsere lieben Verstorbenen. Sie leben nicht irgendwo in einem abgelegenen Himmel, sondern unmittelbar unter und neben uns – wohl in einer anderen Raumdimension. Wenn sie nicht mit ihren besonderen Aufgaben beschäftigt sind, sind sie als unsichtbare Wesenheiten um uns herum anwesend. Sie versuchen, in Stille bei unserer Entwicklung behilflich zu sein. Sie versuchen, die besten Gelegenheiten für unsere Erkenntnisse herbeizuführen, uns auf unseren Wegen zu beschützen – und jeden von uns zu inspirieren, ein liebender und aufrichtiger Mensch zu werden. Man nennt sie unsichtbare Helfer aus der geistigen Welt.

Weiter hast du Engel genannt. Ich sehe Engel als »Verkörperung« des göttlichen Bewusstseins. Ihre Rolle ist es, die Tugenden und Qualitäten im Universum – und so auch auf Erden –, die das Universum der göttlichen Vision seiner Vollkommenheit näherbringen können, zu fördern. Herzensqualität gehört wohl als erste dazu. Engel wirken dadurch, dass sie die Tugenden, die sie repräsentieren, ständig in geistig-seelischen Kraftfeldern unserer Umwelt aufrechterhalten, um uns Menschen dadurch zu inspirieren, sie nach und nach in unser Denken, Fühlen und Tun zu integrieren.

Darüber hinaus gibt es hoch entwickelte Wesenheiten göttlicher Natur, die als geistige Meister fähig sind, Menschen durch alle Hürden auf ihrem Weg zu begleiten und liebend zu führen. Einen davon hast du bereits erwähnt, der unter seinem Griechischen Namen Christos bekannt ist. Sein weibliches Ebenbild, Sophia, wird in unserer noch immer zu sehr patriarchalisch geprägten Gesellschaft gewöhnlich verschwiegen. Diese Wesenheiten göttlicher Natur sind Meister der Verwirklichung der Liebe im alltäglichen Leben und in den gesellschaftlichen Beziehungen. Aus dem Osten kommt der Herzimpuls

Buddhas, der vor allen als ein Vermittler der Tugend des Mitgefühls bekannt ist.

In der letzten Dekade wurden von der Erdseele noch die sogenannten »Elementarwesen des fünften Elements« in die menschliche Welt geschickt. Sie sind Wesenheiten der Liebe, die durch die Natur wirken und Menschen zu inspirieren versuchen, aus dem Kokon ihrer Entfremdung herauszuschlüpfen und zu Brennpunkten der verschiedenen Herzqualitäten auf Erden zu werden.

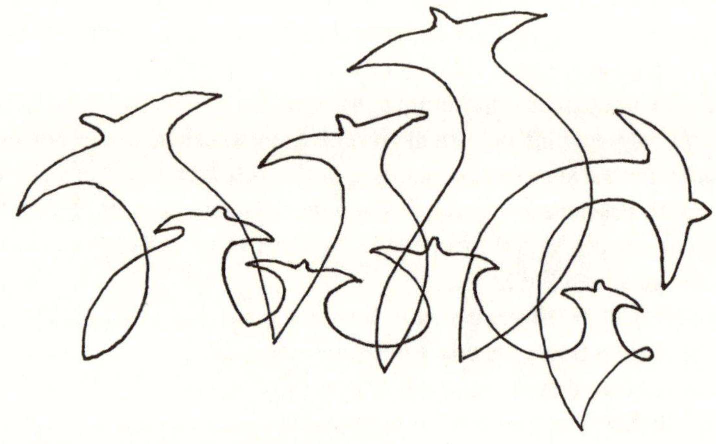

Die Elementarwesen des fünften Elements

Ja, ich sehe das auch so: Wenn man die Welt unvoreingenommen betrachtet, muss man früher oder später zu staunen beginnen, dass es sie überhaupt gibt und dass alles in ihr so wunderbar funktioniert – dass eine einzige Zelle leben und in ihr all die unzähligen äußerst komplizierten Prozesse ablaufen können. Philosophen haben – je nach eigener Veranlagung – vom Weltenverstand oder vom Weltenwillen gesprochen, aber eigentlich ist das alles nur begreiflich und nur möglich, wenn wir diese allgegenwärtige und alles verursachende Kraft als Liebe annehmen – und immer stärker auch wahrnehmen. Denn das Sein ist eine Liebestat, und der Verstand oder der Wille würden so etwas Verrücktes, Unwahrscheinliches, Kompliziertes und Anstrengendes von sich aus nie unternehmen wollen (und können). Liebe ist die

Kraft, die alles trägt. Auf sie können wir uns verlassen und uns auf sie stützen, wenn wir etwas ändern wollen. Und wir wollen diese Welt ändern, weil sie so, wie sie im Moment ist, für die meisten Geschöpfe und Wesen nicht mehr lange erträglich ist.

Ich denke, wir kommen im weiteren Gespräch noch auf die Verstorbenen, die Engel und anderen Wesenheiten des geistigen Kosmos zurück; wir könnten nun aber zunächst zum zweiten Kapitel übergehen, in dem wir über dein Manifest der Gaiakultur, Marko, und über die Beziehung von uns Menschen zu Gaia sprechen wollen. Aber vielleicht möchtest du dieses Kapitel, in dem wir versucht haben, ein anderes, zukunftweisendes Menschen- und Weltbild zu skizzieren, noch ergänzen oder abrunden?

Ja, mein lieber Freund, ich möchte das Menschenbild, das wir skizziert haben, unbedingt noch etwas ergänzen. Ich möchte unterstreichen, dass das Herz alleine, abgeschnitten von dem, was du Wille und Verstand nennst, kraftlos ist und unfähig, das zu verwirklichen, was in seiner Absicht liegt und was wir hier so toll beschrieben haben. Kurz gesagt, die Herzenskonstellation ohne Bauch- und Kopfkraftsysteme ist wenig wert!

Durch die elementare Urkraft, die wir mit dem Bauch assoziieren, besteht die Möglichkeit, dass die Impulse des Herzens eine geerdete Gestalt annehmen können, um in der Welt wirksam zu werden. Durch die imaginative Kraft des Bewusstseins, das mit dem Kopf gleichgesetzt wird, werden Visionen und Strategien entwickelt, wie die Herzensanliegen in schöpferische Taten umgesetzt werden können. Bauch und Kopf sind wie die linke und die rechte Hand des Herzens. Sie werden nur zum Problem, wenn sie die innige Beziehung zur Herzkonstellation verloren haben und beginnen, vereinzelt in der Welt zu wirken, so wie das beim modernen Menschen im allgemeinen geschehen ist.

Was die Kraftsysteme des Bauches angeht, so sind drei davon für mich unbedingt der Erwähnung wert. Zum ersten denke ich an das komplexe Wurzelsystem, durch das die verschiedenen Aspekte unseres Wesens im Kern der Erde verankert und in Balance gehalten werden. Ohne diese Verankerung im Erdkern sind wir wie ein Baum ohne Wurzeln.

Zum zweiten denke ich an den Urkraftspeicher, der in den östlichen Kulturen als die Sphäre von Hara bekannt ist. Durch Hara haben wir Zugang zu den urbildlichen Kräften von Gaia, ohne deren Mitwirkung unsere Visionen oder schöpferischen Intentionen nicht verkörpert werden können. Zum dritten geht es um das Kraftsystem des Solarplexus,

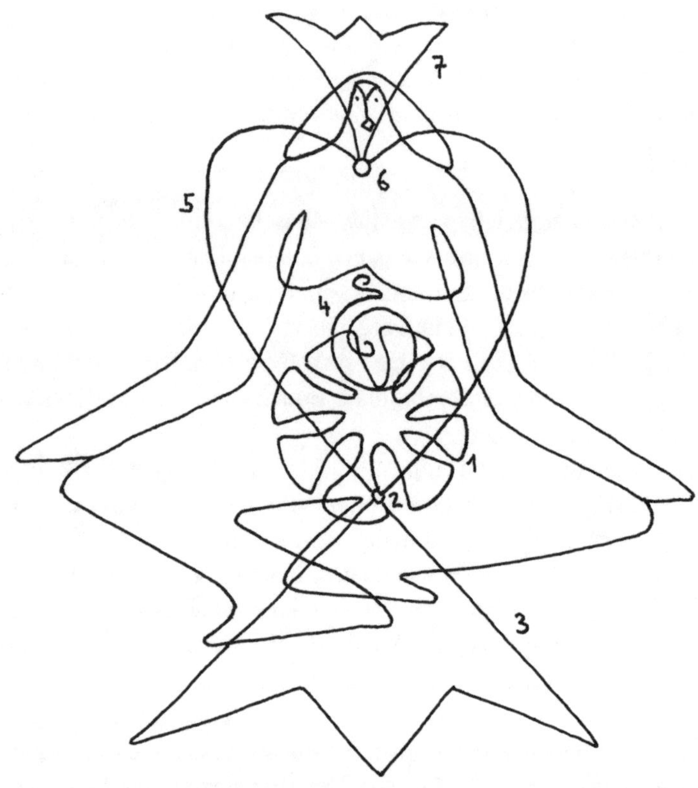

Körpersysteme von Bauch und Kopf: (1) der Urkraftspeicher von Hara; (2) ein holographisches Teilstück der Gaiapräsenz; (3) Wurzelsystem; (4) Kraftsystem des Solarplexus; (5) Kanäle der Verbindung zwischen den schöpferischen Systemen des Menschen; (6) die kreativen Quellen des Kehlkopfes; (7) Verankerung in den verschiedenen Dimensionen des Alls.

(Gemeinsam erarbeitet mit Simona Čudovan.)

durch das der Mensch an den universalen Ozean der Gefühlswelt angeschlossen ist, an die sogenannte »Astralwelt«. Damit haben wir an einem hochsensiblen Feld kosmischer Kraft teil, durch die die Herzqualitäten am besten ausgedrückt sind.

Betrachten wir die »rechte Hand« des Herzens, so finde ich das schöpferische System des Kehlkopfes im Bereich des Kopfes am wichtigsten. Dort wird die Herzintelligenz in schöpferische Vorgänge umgesetzt und damit der Weg für die Inspirationen des Herzens in Richtung ihrer Verwirklichung, sei es im alltäglichen Leben, in der Kunst oder etwa in persönlichen Beziehungen, geöffnet. Nicht minder bedeutsam ist das Erinnerungsvermögen, das im Gefäß unseres Schädels gespeichert ist. Es ist ein Vorrat an Wissen, durch den die Herzensintuitionen und Wahrnehmungen eine bestimmte bildhafte oder logische Gestalt annehmen können.

Und noch etwas Kostbares soll im Bereich des Kopfes erwähnt werden: die geistigen Organe, die zur Kommunikation des verkörperten Menschen mit der Welt, aus der er stammt, dienen. Es geht hier um die Verbindung mit der schon erwähnten Welt der Ahnen und Nachkommen, also mit der sogenannten geistigen Welt. Von dort werden wir in die Welt der Materie geboren und dorthin kehren wir zurück, nachdem wir uns vom irdischen Leben verabschiedet haben. Meiner Erfahrung nach befindet sich der Bezugspunkt dazu am Hinterkopf.

Auch das Zentrum der Verbindung des verkörperten Menschen mit der eigenen Geistseele, das gewöhnlich im Bereich der Thymusdrüse lokalisiert wird, zählt zu den Kraftsystemen im Kopfbereich. Die Thymusdrüse befindet sich mittig zwischen Herz- und Kehlkopfzentrum.

Danke, lieber Marko, für die Ergänzung und dafür, dass du das Herz, den mittleren Bereich in seinen Kontext, in seine Beziehung zu den zwei anderen, polaren Bereichen gestellt hast. Es ist gut, auch die »linke und rechte Hand des Herzens« hier anzusprechen und zu erläutern, damit sie nicht vergessen werden; sie sind ja schließlich wesentliche Bestandteile des neuen Menschenbildes. Mir war es wichtig, auf die Schlüsselaufgabe des Herzens für die Zukunft hinzuweisen. Aber es ist klar, dass in einem ganzheitlichen Menschenwesen alle Bereiche gleich wertvoll und wichtig sind. Sie müssen – jeder für sich – gesund wirken, das heißt, jeder Bereich muss richtig entwickelt sein. Gleichzeitig müssen die einzelnen Bereiche richtig zusammenwirken. Sie müssen aufeinander eingestimmt sein. Es geht nicht, dass sie voneinander getrennt sind und die rechte Hand sozusagen nicht weiß, was die linke tut.

Vielleicht kann der interessierte Leser weitere Ausführungen zu dieser mehrschichtigen Beschaffenheit der Welt und des Menschen in deinen Publikationen finden, Marko, und wir weisen auf die entsprechenden Stellen hin.

So würde ich dieses Thema nun mit folgender Feststellung abschliessen: Wir sind als Menschen mit dem Universum, aus dem wir als Geistseele kommen, und mit der Erde, auf und in der wir in der Verkörperung leben, tief verbunden. Wir bilden eine Einheit und Ganzheit mit allen Wesen aller Welten. Wir bilden eine Einheit in der Verschiedenheit und Vielfalt. Doch die meisten von uns wissen davon nichts und leben ihr getrenntes Dasein in einer vermeintlich objektiven Welt, einer Welt mit lauter Objekten, die man beliebig beobachten, untersuchen und gebrauchen kann. Die Folge ist die Versklavung aller Geschöpfe, aber auch der Menschen untereinander – und die Zerstörung der Erde. Damit einher geht der Niederfall des Menschen. Nun stehen wir vor oder bereits an einer Wende, die nötig ist, um wieder hoch zu kommen – zu einem Bewusstsein der Einheit im Geiste und im Leben. Diese Wende kann nur durch unsere Mitte, durch unser Herz geschehen – und nur mit Hilfe von allen guten (oder auch »bösen«) Wesenheiten. Letztendlich liegt es aber an uns selbst, ob wir uns aufraffen und daran machen.

Gaia als mehrschichtiges Bewusstsein und Göttin des Erdplaneten

•

Gaiakultur

Nun würde ich gerne auf dein Manifest der Gaiakultur *näher eingehen, das du, Marko, in der* Zeitschrift für Geomantie Hagia Chora *im Jahr 2009 veröffentlich hast. Unterhalten wir uns also über die Erde und die Beziehung, die wir Menschen zu ihr haben.*

Du sprichst in diesen Zusammenhängen oft von Gaia. Damit machst du schon durch die Namensgebung deutlich, dass es dir vorrangig nicht um den physischen Leib der Erde, sondern um die Erde als Wesenheit, um die Erdseele geht. Hier besteht, so meine ich, ein großer Unterschied zu manchem Naturwissenschaftler, der vorsichtig von der Erde als Organismus, als Gaia spricht, dabei jedoch weit davon entfernt ist, die Erde als ein mit Seele begabtes Wesen anzusehen. Dies ist verständlich, da die Erde für unser unmittelbares Erleben etwas so Großes, etwas so Entferntes ist, dass wir eigentlich gar nicht imstande sind, sie so zu erfassen. Meistens erlebt man nur einen ganz kleinen Ausschnitt der Erde, den man auch gefühlsmäßig erfassen kann: einen Baum oder ein paar Bäume, eine Wiese, einen Felsen, einen Bach- oder einen Flusslauf...

Wie kann man ein Bewusstsein, ein Herzbewusstsein für Gaia entwickeln? Oder anders: Wie erlebst Du Gaia?

Meine Art, Gaia zu erleben, ist nicht eindeutig. Ich kenne ganz unterschiedliche Wege, Gaia zu erfahren. Dazu zählt auch der Weg, den du gerade angesprochen hast. Die kleinen Ausschnitte der Erde, die du erwähnst, stellen mögliche Zugänge zu Gaia dar. Die Mutter unseres irdischen Universums ist nämlich ein mehrschichtiges Bewusstsein. Eine Schicht davon ist als Bewusstseinsfeld über die Bereiche der Erdoberfläche und durch die Wesenheiten, die sie bewohnen, verteilt. Wir

Wer Gaia ist und wie sie sich an der Erdoberfläche offenbart

haben diese Schicht im Zusammenhang mit dem Wesen Mensch bereits erwähnt. Auch wir nehmen an diesem Bewusstseinsfeld teil.

Dies bedeutet, dass man Gaia durch eine genügend tiefe Begegnung mit einem Baum, einem Wassertropfen, einem Kraftort, einem Tier oder Elementarwesen erfahren kann. Dabei geht es nicht nur um eine sinnliche oder übersinnliche Wahrnehmung, sondern um solche selten vorkommenden Ereignisse, wenn die Wahrnehmung durch einen Gnadenmoment überbaut wird. Auf unerwartete Weise findet sich der Mensch im Angesicht der Mutter allen Lebens. Es muss nicht so sein, dass sie bildhaft erscheint; gewöhnlich handelt es sich eher um eine tiefgreifende gefühlsmäßige Erfahrung, die oft gar nicht als Begegnung mit Gaia erkannt wird. Einige Beispiele dazu finden sich in meinem Buch *Die Tochter der Erde*.

Ein anderer Weg ist jener der Offenbarung. In diesem Fall zieht sich das gewaltige Bewusstsein sozusagen zusammen, um vor dem Menschen – oder besser gesagt, in seinem Inneren – zu erscheinen. Dies kann im Traum geschehen wie im Fall der Offenbarung, die ich einmal in Madrid erlebt habe und von der ich im Buch *Quantensprung der Erde* erzähle. Die Präsenz von Gaia war im Traum plötzlich so stark, dass ich, emotional überladen, laut »Mutter, Mutter!« zu rufen angefangen und mich selbst geweckt habe. Sie ist nicht zufällig erschienen, sondern hat mir gewisse Botschaften überbracht, die ich wohl an meine Mitmenschen weiterleiten sollte. Und das habe ich auch getan.

Dies bestätigt, dass eine Offenbarung von Gaia zustandekommen kann, wenn sie als Gesamtbewusstsein und Göttin des Erdplaneten eine bestimmte Absicht verfolgt.

Ich habe Gaia gerade bewusst als »Göttin« bezeichnet, um deutlich zu machen, dass es sich nicht »nur« um ein im Lebensgewebe zerstreutes Bewusstsein handelt, sondern auch um eine kosmische Wesenheit, die Trägerin und Lenkerin dieses Bewusstseins ist. Nur auf diese Weise verstanden, kann sie als Brennpunkt einer Offenbarung erscheinen. Dies ist auch die Voraussetzung, dass es zu einer intimen Berührung zwischen Mensch und Gaia kommen kann. Ich habe eine solche Art der Berührung bei der Erzählung meines Traumes von Madrid erwähnt.

Dazu möchte ich noch zwei Punkte anmerken: Erstens sollte man sich dessen gewahr sein, dass Gaia, als die Erde beseelendes Wesen, in den verschiedensten Formen erscheinen kann – bezogen jeweils auf die gegebene Kultur oder auf das Weltbild, durch das das Bewusstsein des betreffenden Menschen geprägt ist. So mag sie im christlichen Kontext als Mutter Jesu dargestellt werden oder im antiken Griechenland als Gaia, die Mutter aller Göttinnen und Götter des Olymps, wie Hesiod es formulierte. In der Sprache der modernen Wissenschaft erscheint sie in der Gaia-Hypothese von James Lovelock, die die Erde als einen großen Organismus beschreibt.

Zum zweiten möchte ich betonen, dass Gaia, meiner Einsicht nach, auch einen männlichen Aspekt kennt, den ich als den Geist der Erde bezeichnen würde. Im Buch *Venedig – Spiegel der Erdseele* weise ich darauf hin, dass am Hauptportal der Basilika des Heiligen Markus links und rechts beide, die Seele und der Geist der Erde, eingemeißelt sind. Als Symbol der urbildlichen Kräfte der Erde sitzen beide auf einem Drachen. Über ihren Köpfen halten sie einen üppigen Pflanzenstrauch, der anzeigt, dass sie für das Wachstum an der Erdoberfläche zuständig sind. Ihre Beziehung zum Drachen ist jedoch, gemäß ihren unterschiedlichen Rollen bei der Beseelung unseres blauen Planeten, wesentlich anders.

Gaia an der rechten Seite stillt »den Sohn des Drachens« an ihrer Brust. Dies bedeutet, dass sie für die Entfaltung und Ernährung der

Gaia, die Erdseele, dargestellt am Hauptportal der Sankt Markus Basilika in Venedig. Man sollte nicht übersehen, dass der Sohn des Drachen – dargestellt an seinem Schwanz – an der Brust Gaias trinkt.

Lebensströme des Planeten zuständig ist. Als ein Repräsentant der Lebenskraftströme an der Erdoberfläche entsprießt der Sohn des Drachen dabei dessen Schwanz. Der Drache selbst ist ein Symbol der primären (atomaren) Kräfte der Erde, die aus ihren inneren Schichten wirken und an der Oberfläche des Lebensgewebes nicht vorhanden sind.

Der bärtige Geist der Erde dagegen kennt keine Funktion, die das Leben fördert. Auf meditative Art sitzt er über dem verknoteten Leib des Drachens. Seine Aufgabe ist es, die Konzentration auf die angestrebte geistige Rolle des Erdplaneten zu halten, also seine Identität zu bewahren. Letztendlich sind die Erdseele und der Erdgeist zwei Gesichtspunkte eines kosmischen Wesens, das wir Gaia nennen.

Der Geist der Erde, dargestellt am Hauptportal der Sankt Markus Basilika in Venedig

Nicht jeder Leser unseres Dialogs, Marko, hat die Möglichkeit, so ohne weiteres auf dein Buch Quantensprung der Erde *zurückzugreifen. Und zugegeben: Auch ich zähle dazu... Daher wäre es vielleicht gut, wenn du hier die von dir erwähnte Madrider Offenbarung etwas näher vorstellen könntest. Ist das möglich?*

Ja, Radomil, das mache ich gerne! Mein Aufenthalt in Madrid war bezeichnenderweise gar nicht geplant, als ich am 8. November 2002 nach Quito flog. Ich war eingeladen, um für die Hauptstadt von Ecuador ein Lithopunkturprojekt vorzubereiten. Aber während des Fluges von

Venedig nach Madrid sind einige Computeranlagen auf dem Madrider Flughafen in Brand geraten, so dass wir in Barcelona zwischenlanden mussten. Als Folge davon habe ich den Flug nach Quito um einige Minuten verpasst und musste auf dem Madrider Flughafen übernachten. Die dramatischen Umstände des Fluges nach Quito waren offensichtlich nötig, um mich auf die erschütternde Begegnung mit Gaia vorzubereiten.

Der Traum, in dem ich erst nach und nach die Botschaft Gaias erkannte, beginnt damit, dass ich vor einer hohen Bühne stehe. Als ich meinen Blick hebe, um zu sehen, was auf der Bühne geschieht, bin ich wie vom Donner gerührt. Ich sehe eine riesengroße, ausladende, dunkelhäutige Frau auf der Bühne tanzen. Sie ist vollkommen nackt und tanzt, ohne sich von der Stelle zu rühren. Wie ist das möglich? Ich schaue genauer hin.

Jeder Muskel an ihrem Körper wird wellenartig bewegt und seitlich in eine bestimmte Richtung geschoben. Der Tanz der dunkelbraunen Göttin gleicht den unzähligen Wellen eines gewaltigen Meeres, die der Wind in eine Richtung treibt. Als hätte die Windrichtung gedreht, kehrt die Richtung der Bewegung danach plötzlich um. Begleitet vom Rauschen Tausender Ozeane, folgen solche Umkehrungen aufeinander.

Nachdem sie sich mir als Gaia in ihrer vollen Kraft, Schönheit und Würde vorgestellt hatte, folgten ihre Botschaften, durch die meine verengten Vorstellungen ihrer wahren Identität korrigiert wurden. Als erstes lässt sie mich wissen, dass der männliche Aspekt (den ich oben mit dem Begriff des Geistes der Erde benannt habe) in sie integriert ist. Ihr prachtvoller weiblicher Körper nimmt dazu für kurze Augenblicke männliche Formen an. In jenen Momenten sehe ich an ihr eine ausgeprägte Muskulatur, wie man sie sonst bei Spitzenathleten bewundern kann.

Als zweites lässt sie mich wissen, dass sie nicht nur die Quelle des Lebens ist, von dem ihr Planet reichlich durchflutet wird, sondern auch eine Quelle der geistigen Inspiration. Mein Blick wird von einer Figur angezogen, die die Tänzerin in ihrer linken Hand hält. Sie erinnert mich sofort an das Christuskind, das in den Armen der Jungfrau Maria liegt. Beim genauen Hinsehen stelle ich fest, dass die Figur aus zwei Knabengestalten zusammengesetzt ist, die einander ergänzen. In der Gestalt eines der beiden »Kinder« erkenne ich das Wesen Buddhas. Der andere, beladen mit einem Kreuz, repräsentiert wohl den Christus. Gaia lässt mich wissen, dass sie dafür verantwortlich ist, gewisse Impulse aus dem Universum anzuziehen, ihre Verkörperung zu ermöglichen, und dadurch unsere geistige Entwicklung zu fördern.

Meine Aufmerksamkeit wird nun vom Gesicht der mächtigen Frau angezogen. Es befindet sich in einem merkwürdigen Zustand der ständigen Veränderung. Es beginnt immer wieder mit maskenartigen Zügen erhabener kosmischer Qualität, wie man sie aus den Darstellungen von Göttinnen alter Kulturen kennt. Es zeigt sich darin das Allumfassende, das sowohl das Schöne als auch das Hässliche mit einbezieht. Es folgt jeweils eine zweite Phase, in der die Gesichtszüge immer menschenähnlicher werden. Sie gewinnen dadurch an Individualität und sind von einer tiefen Liebeskraft durchdrungen. Diesen Aspekt ihrer Botschaft verstehe ich so, dass Gaia im Rahmen des kosmischen Entwicklungsplanes die Verantwortung für den Prozess der Individualisierung des Menschen und auch anderer Wesenheiten übernommen hat.

Es folgt noch eine vierte Botschaft, die sich auf die höchst kritische Lage bezieht, in der sich ihr – und unser – Planet zurzeit befindet: die Temperatur des Erdkörpers wächst, die Gletscher schmelzen, Wettermuster kommen durcheinander, Pflanzen, Tiere und Menschen entwickeln neue Krankheiten… Plötzlich merke ich, dass an den Muskeln ihrer Oberschenkel etwas verkehrt läuft. Die Muskeln bleiben in ihrer Bewegung immer wieder zurück, als ob sie bei den Umkehrungen der Wellenrichtungen nicht mitkommen würden. Dabei wird mir etwas Merkwürdiges gezeigt. Immer wenn es zu der Gegenläufigkeit der Bewegungen kommt, werden die Oberschenkel der Göttin in ihrer Mitte zu einem Raum der Stille und Geborgenheit.

Ich verstehe die vierte Botschaft als das Versprechen Gaias, mitten in den Wirren der ständigen und oft schmerzhaften planetaren und persönlichen Veränderungen Ruhezonen zu schaffen. Aufgrund dieser Zonen der Stille wird es Menschen, die sich auf den kosmischen Plan der Erdwandlung einstimmen, möglich sein, ein »normales« Leben zu führen und ihren Dienst an den Mitmenschen und an den anderen Wesenheiten zu erfüllen.

Aus der Offenbarung der Gaia in Madrid, aus »Quantensprung der Erde«, AT Verlag, 2010

Im Fall der Madrider Offenbarung hat Gaia eine klare bildhafte Form angenommen. In anderen Fällen mag sie als reine rubinrote Strahlung mit einer blendenden Intensität erscheinen. Besonders eindrucksvoll erschien sie mir vor einigen Wochen. Sie nahm mich wie ein kleines Insekt in die Hand und hob mich hoch, um mich in einem ihrer gewaltigen Augen zu positionieren. So konnte ich die Landschaft um mich herum durch ihr Auge betrachten. Unbeschreiblich schön sah die Landschaft aus, recht paradiesisch, ähnlich fein mit goldenem Licht durchwoben wie auf den Gemälden des Meisters der Renaissance, Sandro Botticelli.

Danke, lieber Marko, für diese Ausführungen! Die beiden letzten Passagen bieten sehr viel Stoff, den es zu verarbeiten gilt. Wichtig ist also erstens, dass es grundsätzlich zwei Arten gibt, auf die der Mensch Gaia erfahren kann. Gaia ist dabei eine Bezeichnung für das Wesen der Erde, das mehrere Ebenen hat. Zum einem gibt es den stofflichen Leib, mit dem wir uns hier nicht weiter zu beschäftigen brauchen, denn das tut ausreichend die Geologie. Dann ist da noch ein System von Kraftströmen und -orten, die diesen stofflichen Leib durchsetzen; mit diesem machen sich immer mehr Menschen bekannt, unter anderem durch die moderne Geomantie. Gaia ist jedoch nicht nur Leib und Kraft, sondern auch Bewusstsein. Wenn man allerdings von Bewusstsein spricht, stellen sich manche Menschen so etwas wie ein gleichmäßiges objektives Feld vor; es ist hier nun aber so, dass dieses Bewusstsein zu einem Wesen gehört, von diesem Wesen bewirkt und auch beseelt wird. Und dieses (selbst)bewusste Wesen, das ist eigentlich Gaia. Und dann hat dieses Wesen noch eine vierte Dimension – ich nehme an, Marko, du könntest es auch noch weiter differenzieren –, es handelt sich um die Dimension der Göttlichkeit oder der Sakralität. Die Erde ist ein sakrales Wesen. Allerdings ist dies eine Ebene, die für die meisten der heutigen Menschen – im Unterschied zu den »primitiven« Menschen der Vergangenheit oder den heutigen indigenen Völkern – ganz unzugänglich und damit auch unverständlich ist. Wir können uns zwar sagen, die Erde ist heilig, dieses Gefühl aber auch voll und ganz zu erleben oder, genauer, diese Wahrnehmung von Ehrfurcht und erhabener Schönheit zu haben – das gelingt uns nur äußerst selten. Wäre dies nicht so, könnten wir die Erde nie so misshandeln, wie wir es ja tun …

Aber zurück zu den zwei Arten, wie Gaia erlebt werden kann: Auf der einen Seite gibst du die Vertiefung in kleine »Ausschnitte« der Erde an, das heißt eine quasi von innen ausgehende Aktivität. Auf der anderen Seite steht die wie von außen kommende Offenbarung Gaias.

Bei der erstgenannten Art und Weise des Erlebens ist vielleicht wichtig zu bedenken, dass dies eben dadurch ermöglicht wird, dass Gaia als sakrales Bewusstseinsfeld die Erde zwar durchzieht, gleichzeitig aber überall immer als ganzes Wesen an-wesend ist. Um Gaia zu erleben, muss man eigentlich verstehen, dass das Ganze in jedem Teil enthalten ist und in jedem Teil, in jeder partiellen Erscheinung auch erscheinen kann: Das heißt, die ganze göttliche Gaia ist in einem Tautropfen, in einem Baumblatt, in einem kleinen Stein am staubigen Feldweg...

Dieser erste Weg des Erlebens setzt eine gewisse Übung und Aktivität voraus; der zweite, die Offenbarung, geschieht meistens unerwartet und unvorbereitet. Ich würde hierzu die vielen, ja unzähligen Maria-Offenbarungen zählen, die es in unseren Regionen gibt. Und ich meine damit nicht nur die expliziten Erscheinungen der Mutter Gottes, sondern auch die vielen Feen- und Jungfrauenerscheinungen an Quellen und Brunnen, oft mit Heilungswundern verbunden, von denen die Volkstradition, aber auch kirchliche Aufzeichnungen reichlich berichten. Wenn man sich mit diesen Überlieferungen beschäftigt, ist in diesen Berichten und Sagen oft eine ganz besondere, wunderbare heilig-weibliche Stimmung zu spüren.

Interessanterweise kommt häufig – ich habe mich mit diesen Überlieferungen aus verschiedenen Regionen und Orten Böhmens und Mährens beschäftigt, als ich ein Buch über Zwerge und Feen geschrieben habe – ein Greis, also ein alter Mann vor, und in manchen Fällen steht er in Verbindung mit einer Fee oder Jungfrau. Vielleicht macht sich auf diese Weise der männliche Aspekt Gaias bemerkbar...

Bei den Offenbarungen kann es sich, wie ich meine, um eine Botschaft oder um einen Auftrag handeln, wegen denen Gaia sich im Bewusstsein eines konkreten Menschen zeigt. Doch zu meinen, dass es so sein muss, wäre vielleicht zu männlich, zu zweck- und zielorientiert gedacht... Diese Offenbarungen könnten auch einfach geschehen, um das menschliche Herz weicher zu machen... Was meinst du?

Du hast recht, Radomil. Die Ursachen für die Offenbarungen Gaias, auch wenn sie als Erscheinung der Heiligen Maria erkannt werden, können sehr unterschiedlich sein. Manchmal verfolgen sie tatsächlich ein praktisches Ziel. Lass mich als Beispiel die Offenbarung von Strunjan an der slowenischen Küste in Istrien beschreiben. Dieses Beispiel ist interessant, weil es dazu originelle Aussagen von zwei Zeugen der Erscheinung gibt. Sie wurden am 15.8.1512 vor dem Stadtrichter von Piran abgegeben. In jener Nacht gegen Mitternacht fiel zwei Wachmännern der Weinberge von Strunjan, Peter aus Zagreb und Giovanni Grandi, an einer kleinen halb verfallenen Kirche eine Flamme auf. Als sie nähertraten, sahen sie *eine weiße Frau, neben der ein alter bärtiger Mann kniete*. Sie sagte zu ihnen: »Schaut mein Haus an und seht, wie es verfällt.« Die beiden Männer waren entsetzt und rannten so schnell sie konnten davon. Aber die Kommunikation war erfolgreich, denn die Bürger der Stadt Piran beschlossen augenblicklich die Renovierung und Erweiterung der Kirche. Sie galt noch Jahrhunderte danach als die wichtigste Wallfahrtskirche Istriens und wurde Marienvisions-Kirche benannt.

Die »weiße Frau« wurde natürlich als Heilige Maria identifiziert, obwohl es darauf keinen eindeutigen Hinweis gab. Den geomantischen Umständen nach, behaupte ich, dass es sich hier um eine Offenbarung Gaias handelt, die zusammen mit dem Geist der Erde erschienen ist – dem knienden alten Mann mit der Kerze könnte man sonst keine sinnvolle Rolle zuschreiben. Durch die Vision hat sie offenbar versucht, einen ihrer heiligen Orte vor dem Vergessen zu bewahren. Dieser Ort hat nämlich eine große Bedeutung für den vitalen Organismus der dortigen Landschaft. Der Hügel, an dem die Kirche steht, repräsentiert den Ort, an dem die vitalen Kräfte von Istrien mit den Urkräften der Adria im Austausch stehen – es ist also ein heiliger Ort hohen Grades.

Die Interpretation einer Offenbarung ist immer eine relative Sache. Ich möchte dies anhand meiner Vision Gaias aus dem Jahr 2011 demonstrieren, die sich in Rio de Janeiro ereignet hat. Der Ort der Vision, ein ausgeprägter Kraftort mit einer Marienkirche, heißt »Gloria«. Ich berichte davon in meinem Buch *Synchrone Welten* auf folgende Weise:

»Gloria erscheint diesmal als Kopf einer riesigen Frau. Ich stehe vor ihr und wundere mich, bis die Riesin ihren Arm aus der Erde herausstreckt, mich packt und hoch zum Himmel hebt. Ich bin überrascht und gleichzeitig erschüttert: ›Was will sie mit mir?‹ Im nächsten

Moment versteh ich es! Gloria ist zu Gaia geworden, und sie, Gaia, die Mutter des irdischen Lebensgewebes, möchte mich, einen Menschen, als ihre Schöpfung einmal ansehen. Sie sieht Menschen nun einmal nie, wenn sie in der warmen Ecke der Erdmitte sitzt! Es muss ihr fürchterliches Vergnügen bereiten, so eine Laus auf ihrem Kopf zu betrachten!«

Diese etwas scherzhafte Interpretation zeigt, dass ich in Verlegenheit geriet, als ich vor der Frage stand, wie diese Offenbarung, die für mich fast physisch erfahrbar war und mich tief erschüttert hat, zu erklären sein könnte. Aus der zweijährigen Distanz würde ich es nun anders sehen. Die Mutter des Lebens hat durch ihre Geste den Willen gezeigt, mit Menschen (wohl unter der Vorbedingung eines neuen Bewusstseins, das in diesem Fall ich repräsentierte) in Dialog und Kooperation zu treten.

Erdenseele und Erdengeist als weiblicher und männlicher Aspekt Gaias: Da muss ich an eine Imagination denken, die mir 2009 in Znojmo (Znaim auf deutsch), einer altertümlichen Stadt am Thaya-Fluss an der mährisch-österreichischen Grenze, zuteil wurde. Es war auf einem Berg über dem Fluss, dem Pöltenberg (St. Hippolyt-Berg), an einem großen Stein an der St. Antonius-Kapelle, wo es in der neolithischen Epoche und auch später in der altslawischen Zeit eine Burgstätte gab. Als ich mich in die Atmosphäre des Ortes vertieft hatte, erschien mir das Bild einer Gänseblümchen-Blüte, das sich dann in eine horizontale Sonnenscheibe verwandelte, bis daraus schließlich das Bild einer Jungfrau und eines alten Mannes wurde: der weißhaarige und weißbärtige Greis unten und die goldhaarige Jungfrau oben. Als ich mehr über die Funktion des Ortes im Kraftgefüge der Stadt erfahren wollte und mit dieser Frage den Stein anklopfte, zeigte sich mir ein Zwerg, der den Bart des alten Mannes in Zöpfe zusammenflocht, und in diese Zöpfe flochten Feen die goldenen Haare der Jungfrau ein, so dass von dort aus in alle Richtungen goldweiße Ströme ausgingen. Dabei vernahm ich folgende Botschaften: Vom Zwerg hieß es: »Liebe die Welt!« und von den Feen: »Sei glücklich!« –

Gerne würde ich noch kurz auf die Marienerscheinungen und Marien-Wallfahrtsorte zurückkommen, denn ich meine, in diesem Phänomen

Gaia als Gloria will den Menschen einmal ansehen, Rio de Janeiro, aus »Synchrone Welten«, AT Verlag, 2011.

der Marienverehrung, das sich in unseren Landen vor allem im 17. Jahrhundert sehr stark ausbreitete und im 18. sowie noch im 19. Jahrhundert weiter blühte, auf der einen Seite eine unheimlich intensive Sehnsucht der Menschen nach Gaia, nach der Göttin, auf der anderen Seite jedoch auch deren Wahrnehmung zum Ausdruck kam. Eigentlich haben wir es hier mit einem ganz besonderen Kapitel in der Geschichte der Kommunikation, ja, der Liebesbeziehung zwischen Mensch und Gaia zu tun.

In Tschechien – aber ich denke, dies gilt ebenso für den gesamten mitteleuropäischen (und nicht nur diesen) Raum – gibt es einige bedeutende Marienwallfahrtsorte, die in den oben genannten Jahrhunderten zu Jahresfesten regelmäßig von vielen Tausenden aufgesucht wurden. Sie verehrten und beteten dort die Mutter Gottes an. Bei genauerer historischer Untersuchung stellt man allerdings fest, dass die Marienanbetung eigentlich allgegenwärtig war. Marienstatuen, -reliefs und -bilder dienten als Schutz für ganze Länder sowie auch für einzelne Regionen, Städte, Dörfer und Häuser, für Quellen, Felder, Ställe, Speicher, für Schulen, Schmieden und Mühlen. In Bett, Kopfkissen und Strohsack sollten sie den Schlaf und das gedeihliche Eheleben hüten, sie wurden aber auch in Kleiderschränke und -truhen, in Getreide- und Mehltruhen (oft als kleine Figuren aus Brotteig) und letztendlich auch in die Särge zu den Verstorbenen hineingelegt, um sie auf ihrem letzten Weg zu begleiten.

In Tschechien gibt es zwei ganz besondere Marienwallfahrtsorte. Es handelt sich um zwei Berge: den Heiligen Hostein (Svatý Hostýn) im östlichen Teil, in Mähren, und den Heiligen Berg (Svatá Hora) in Böhmen; die Hosteiner Jungfrau Maria gilt als Behüterin des mährischen Landes und Volkes, die Heiligenberger Maria als Behüterin des böhmischen Volkes. Und es darf hier auch das heilige goldene Relief der Madonna, der Jungfrau Maria mit dem Jesuskind von Stará Boleslav, das sogenannte Palladium der böhmischen Lande, nicht unerwähnt bleiben, der – neben der Krone des heiligen Václav (Wenzel) – heiligste Gegenstand Tschechiens überhaupt. Mit welcher Würde und Feierlichkeit diese Madonnenplastik von Prag nach Stará Boleslav getragen und mit welcher Sorgfalt sie in den Kriegszeiten geschützt und verborgen wurde – und mit welcher Hoffnung und Innigkeit sich Leute in den schweren Zeiten (auch noch 1939, vor dem Anschluss Tschechiens an Hitlers Deutschland) in ihren Gebeten an diese Madonna wandten, das kann man sich in unserem heutigen Bewusstsein kaum mehr vergegenwärtigen.

Du beginnst dein Manifest, Marko, mit dem wunderbaren Satz, dass wir, die Menschheit, mit Gaia verheiratet sind. Doch haben wir vergessen, die Liebesbeziehung zu ihr zu pflegen. – Diese Liebesbeziehung muss heute und in Zukunft sicher anders aussehen als die Verehrung in der Vergangenheit. Du meinst mit deiner Aussage bestimmt nicht, dass wir wieder Marien- oder Göttinnenstatuen anbeten sollen. Du hast bereits den Dialog und die Kooperation erwähnt, und dies deutet auf eine ganz andere Art der (Liebes-)Beziehung hin…

Lieber Radomil, du musst bedenken, dass auch die Menschen im 18. Jahrhundert und in den Jahrhunderten davor, obwohl einfache Bauern, schon Verstandesmenschen waren. Ihre Art und Weise der Welt- und Erdanschauung wurde (unbewusst) durch den römischen Rationalismus geprägt, den sich die christlichen Kirchen mehr oder weniger einverleibt haben. Also gibt es da immer die Tendenz, die Göttin als ein von außen stammendes »Objekt« zu erleben.

Nirgends habe ich die Diskrepanz zwischen der Offenbarung Gaias und der durch die christlichen Gedankenformen geprägten Interpretation so stark erlebt wie in Medjugorje, dem berühmten Ort der Marienoffenbarung in Bosnien-Herzegowina. Regelmäßige Kontakte zu »Maria« laufen da seit drei Jahrzehnten. Zusammen mit rund 500 Menschen sind wir am 15. September 2006 nachts um 22 Uhr den Berg der Offenbarung, namens Podbrdo, im Dunklen hinaufgestiegen. Es war der Tag im Monat, an dem einer der Seher, Ivan, die Botschaft empfängt. Aus diesem Grund waren so viele Menschen aus verschiedenen Ländern, meist mit Bussen, angereist.

Das Ritual begann mit einem langen gemeinsamen Gebetszyklus. Dadurch wurde ein fein strukturiertes emotionales Feld aufgebaut, das offenbar die Kommunikation ermöglichen sollte. In der darauf folgenden Stille wurde meine Aufmerksamkeit in Richtung des Erdinnern gezogen. Ich sah dort eine gewaltige weiße Kugel aufsteigen. Sie schwebte eine Zeitlang im Raum oberhalb der Menschenmenge. Dann öffnete sie sich so, dass ihre Essenz über uns ausgeschüttet wurde. Die ganze Menschengruppe wurde von dem so entstandenen Kraft- und Liebesfeld umgeben und durchflutet.

Danach geschah etwas Unerwartetes. Die Kugel »zerfiel« in unzählige kleine Kugeln, von denen jede sich einem der anwesenden Menschen näherte und durch sein Herzzentrum glitt. Im nächsten Moment wurde die Kugel in der Mitte wieder vervollständigt und schwebte noch einige Momente vibrierend unter uns. Ich spürte ihre Qualität vorerst als Präsenz der Mutter allen Lebens. Gleichzeitig schwang darin aber die Qualität ihrer geistigen Dimension, die gewöhnlich als Sophia, die Weisheit vom Urbeginn, bezeichnet wird.

Die Offenbarung der Gaia von Medjugorje, 2006

Die Botschaft, die uns später vorgelesen wird, enthält natürlich kein Wort von der Erdmutter oder von der kosmischen Sophia. Das Ereignis ist in typisch katholische Gedankenformen gekleidet. Die Anwesenden werden aufgefordert, zu beten und sich zum Frieden zu bekennen. Was Menschen eigentlich zu solchen Orten der Offenbarung zieht, müsste die emotionale Qualität der göttlichen Präsenz sein, die klar zu spüren war.

Aus diesem Beispiel geht hervor, dass die erste Aufgabe, die uns bevorsteht, wenn wir die menschlichen Beziehungen zu Gaia erneuern wollen, mit der Befreiung von veralteten Vorstellungsmustern zusammenhängt. Es handelt sich um eine Form von Entzauberung.

Ohne es zu merken, sind wir vom Zauber der stark objektivierten Welt abhängig geworden. Alles, was einen Wert hat, kommt von außen – sogar die göttliche Offenbarung. Mein Beispiel dagegen zeigt eine zweifache Umkehrung, die nach einer unumgänglichen Wandlung des Weltbildes ruft. Die göttliche Offenbarung kommt erstens nicht von außen, sondern von innen, aus der Erdmitte. Zweitens ist sie im eigenen Herzen, also in der eigenen Mitte erlebbar.

Durch diesen zweiten Aspekt werden wir von dem Zwang befreit, irgendeiner Ideologie oder Glaubensrichtung folgen, uns Göttinnenbilder verschaffen oder an bestimmten Ritualen teilnehmen zu müssen. Statt dessen kann man frei wählen, wie man die Beziehung zu Gaia und zu der sakralen Dimension des Lebens, der Erde und des Universums individuell oder in Gruppen zum Ausdruck bringen möchte. Was ich als das wichtigste betrachte, ist die Art und Weise, wie man diese Beziehung in sein eigenes Wesen und in das Wesen der Gesellschaft, deren Teil man ist, integriert; wie man diese Beziehung zu Gaia lebt.

Bevor wir uns weiter der zukünftigen Gestaltung unserer Beziehung zu Gaia widmen, möchte ich noch eine historische Tatsache kurz ergänzen. Wir haben ja von den Ereignissen und Orten der Marienerscheinungen gesprochen; doch in unseren Breitengraden gibt es auch viele Orte, besondere Kraftorte der Landschaft, meistens eindrucksvolle Berge und Felsen, die von Hexensagen umwittert sind – also Orte, wo sich in der Vergangenheit Hexen getroffen haben sollen. In einigen Fällen sind diese Orte auch mit der Hexenverfolgung seitens der katholischen Kirche verbunden. Und dann gibt es in unserem Sagenschatz eine Menge an Berichten über Vorkommnisse, bei denen die Menschen aus den Dörfern in der (Vollmond-)Nacht durch den Wald gingen und auf Hexen- oder Feentänze gestoßen sind – solche Sagen, die im 19. Jahrhundert noch gesammelt und aufgeschrieben wurden, gibt es fast zu jedem Dorf oder zu jeder Region. – Auch hier handelt es sich, meiner Meinung nach, um Belege oder Indizien der Göttinnenkulte, die trotz der fortschreitenden Christianisierung in abgelegenen Gegenden sogar bis in das 19. Jahrhundert hinein gepflegt und gefeiert wurden. Es war keine bloße Tradition, die aus den heidnischen, vorchristlichen Zeiten überlebte und allmählich abstarb, sondern ein Ausdruck eines regen Verkehrs der einfachen Leute, vor allem von Frauen, mit der real, subjektiv-objektiv existierenden Göttin Gaia; sonst wäre die Hartnäckigkeit, mit der sich diese Kulte der Ausmerzung entziehen konnten, gar nicht erklärbar.

Wir sehen also – ob in einer christlichen Form als Marienanbetung, oder in Form einer durch die christliche Kirche verfolgten Göttinnenverehrung –, überall existiert eine intensive, wenn auch heute geleugnete Beziehung des Menschen zur weiblichen Göttlichkeit, zu Gaia.

Doch das alles ging während des grausamen 20. Jahrhunderts fast vollständig verloren. Sowohl im menschlichen Bewusstsein als auch in der gesellschaftlichen Realität ist dadurch Raum für etwas Neues entstanden. Wir Menschen sind ein Stück weit erwachsener, mündiger geworden und sollten heute andere Wege gehen, um die Beziehung zu Gaia auf eine andere, partnerschaftlichere Art und Weise zu gestalten.

Du, lieber Marko, nennst diese zukünftige Gestaltung unserer Kultur »Gaiakultur« und in deinem Manifest beschreibst du sieben Punkte, wie sich unsere kulturellen Regeln ändern sollten. Wir könnten jetzt diese Punkte, oder wenigstens manche von ihnen, etwas näher vorstellen. Was liegt dir da am meisten am Herzen, wo möchtest du beginnen, worauf möchtest du besonderen Wert legen?

Anfangen würde ich am liebsten mit Punkt zwei.* Denn diesen halte ich für den wichtigsten; er besagt: »Es ist nicht möglich eine neue und erfüllende Partnerschaft zwischen Mensch und Erde zu verwirklichen,

* In unserem Gespräch sind wir von der ursprünglichen Fassung des Manifests ausgegangen, die in der Zeitschrift für Geomantie *Hagia Chora* Nr. 32/2009 veröffentlicht wurde. Angeregt durch dieses Gespräch hat Marko Pogačnik den Text des Manifests überarbeitet. Diese neue Fassung befindet sich im Anhang dieses Buches. Die zitierten Stellen und die Einteilung des Manifests entsprechen jedoch dem ursprünglichen Text, der sich nun gewandelt hat. (Radomil Hradil)

wenn der Mensch selbst nicht zu dem wird, was jeder von uns im eigenen Wesenskern ist...«

Die Zivilisation, in der wir als Menschen des modernen Zeitalters leben, ist so beschaffen, dass wir unentwegt dazu gezwungen werden, gewisse unserer eigenen geistig-seelischen Essenz fremde Rollen zu übernehmen. Wir dienen unterschiedlichen Ideen, deren Ursprung wir gar nicht kennen, oder wir verkörpern diverse Stereotype. Menschen werden sozusagen dazu ermutigt, sich möglichst weit von ihrem eigenen Wesenskern zu entfernen, so lange, bis der einzelne das Gefühl für das, was wahr oder nicht wahr ist, vollständig verloren hat. Ist es so weit gekommen, können furchtbare Dinge geschehen, von denen wir tagtäglich in den Nachrichten hören. Mitmenschen, Tiere, Landschaften und die Erde selbst werden zu Opfern der entfremdeten Kräfte derer, die sich eigentlich auf der Erde verkörpert haben, um das Leben zu genießen und seine Entfaltung zu fördern.

Die eigene Wahrhaftigkeit zu pflegen, sehe ich als Voraussetzung dafür an, sich dieser tragischen Gegensätzlichkeit entziehen zu können. Wahrhaftig zu sein, bedeutet für mich, immer wieder nach innen zu lauschen und der eigenen Herzensintuition nachzuspüren. Es geht nicht um eine Form der Selbstkontrolle, sondern darum, sich selbst und den eigenen Idealen treu zu bleiben – unter genau jenen Umständen, die die Menschen ständig in die Entfremdung locken.

Ganz praktisch bedeutet dies, sich immer wieder einige Momente der Stille zu nehmen und zu schauen: Bin ich noch in meiner eigenen Mitte zentriert?

Bin ich innerlich in Frieden?

Bin ich gut geerdet?

Bin ich wahrhaftig?

Bin ich meinen ethischen Idealen treu?

Dieses »Zu-dem-Werden, was man im eigenen Wesenskern ist«, verstehe ich so, dass man sich im Leben, in der Gestaltung der eigenen Biographie von seiner Intuition leiten lässt und sich mit dem eigenen vorgeburtlichen Vorhaben in Einklang bringt. Dass man das tut, was das Herz einem sagt; dass man auf die innere Stimme, auf sein höheres Ich hört – um jenes im Leben zu vollbringen, weswegen man auf die Erde gekommen ist; dass man sich also nach der ureigenen Intention fragt und sich nach ihr richtet und nicht nach Konventionen, auch nicht unbedingt nach den Berechnungen des eigenen Verstandes. Und wenn du an diesem Punkt im Manifest sagst, es geht dann im nächsten Schritt um die Entwicklung einer ethisch ausgerichteten Lebenspraxis, dann heißt dies für mich letztendlich, nicht aus Angst, sondern aus Liebe zu handeln.

Vielleicht kannst du, Marko, etwas darüber sagen, was du unter einer ethisch ausgerichteten Lebenspraxis verstehst und wie man, deiner Einsicht nach, von der Selbsterkenntnis zur ethischen Lebenspraxis kommt? Wie funktioniert dieser Weg?

Es sollte zunächst klar sein, dass ich mit der ethisch ausgerichteten Lebenspraxis keinen festgelegten moralischen Kodex im Sinn habe, an den man sich unbedingt halten muss. Ich denke eher an eine Art von Dialog, der permanent zwischen den Menschen und allen Wesenheiten seiner unmittelbaren Umwelt abläuft – wobei man sofort unterstreichen muss, dass mit der »Umwelt« nicht die materialisierte Ebene gemeint ist, sondern die sogenannte »Noosphäre«, die Sphäre des Bewusstseins.* Ich meine das Bewusstsein der Berge, der Natur, des Wassers, der Tiere, der Mitmenschen und so weiter; zusammengefasst als das Bewusstsein von Gaia.

Durch dieses innere Gespräch fließt dem Menschen ständig das intuitive Gefühl zu, was in der gegebenen Lage richtig und liebevoll ist und was in derselben Situation destruktiv oder missachtend wäre. Wenn man die Eingebungen der Mitwelt ganz natürlich beachtet und entsprechend wirkt oder sich verhält, kommt eine ethisch ausgerichtete Lebenspraxis ganz wie von selbst zustande. Um diesen kontinuierlichen Dialog zu führen, braucht der heutige Mensch viel Übung. Das Lauschen auf die Zeichen, die einem vom Bewusstsein der Umgebung entgegenkommen, gehört ebenso dazu, wie die Sensibilität, feine Botschaften der Wesenheiten verschiedener Ebenen wahrzunehmen und so weiter.

Da der Mensch aber ein selbstbewusstes Wesen ist, genügt dieser Dialog nicht. Es braucht zusätzlich auch die Entscheidung, die eigene

* Zum Begriff »Noosphäre« siehe Seite 137.

Lebenspraxis ethisch auszurichten. Ich habe dazu »Die sieben Grundsteine der neuen Ethik« auf der Grundlage der Botschaften der sieben Briefe aus der *Offenbarung* nach Johannes ausgearbeitet. Die Inspiration, »Die neun Gebote der Göttin« aufzuschreiben, hatte ich beim Schreiben des Buches *Die Tochter der Erde*. In gewisser Weise sind sie den zehn Geboten nach Moses als Zeichen einer neuen Zeit entgegen gesetzt. Du kannst beide Texte gerne als Anhang zu unserem Buch publizieren, als ein Beispiel, wie die Grundlagen der neuen Ethik formuliert werden könnten.

Bevor wir, lieber Marko, weiter über dein Manifest sprechen, lass uns noch eine Weile bei diesen neun Geboten bleiben. Der Vollständigkeit halber zähle ich sie hier kurz auf: keine Schuldgefühle haben – eigene emotionale Sensibilität wieder herstellen – sich der zyklischen Natur des eigenen Weges bewusst sein – die Freiheit der Seele pflegen – das Geschenk des eigenen Körpers erkennen – die eigenen »Leichen« bestatten – um das bitten, was man braucht – dem Antrieb des eigenen Herzens folgen – die Verbindung wieder herstellen.

Genau jenes, was wir eben besprochen haben, findet sich eigentlich im achten Gebot: »Folge dem Antrieb deines Herzens!« – Ich schreibe diesen Text am ersten der beiden Wahltage, an denen in Tschechien – das erste Mal in der Geschichte – der Staatspräsident direkt vom Volk gewählt wird.

Es gibt neun Kandidaten, drei davon sind Frauen, die die erforderliche Anzahl an Unterschriften gesammelt haben, um sich um dieses Amt bewerben zu können. Die meisten sind Politiker der alten Gesinnung, doch eine der drei Frauen, Táňa Fischerová, nicht. Ich habe ein Gespräch, ähnlich diesem, das wir beide gerade führen, letztes Jahr mit ihr geführt und als Buch herausgegeben. Sie ist eine Frau der neuen Zeit und der neuen Gesinnung, spirituell, dabei fest verankert nicht nur in der geistigen, sondern liebe- und verantwortungsvoll auch in der physischen Welt. Den Umfragen zufolge hat sie keine Chance. Viele Menschen, die in ihrem Herzen fühlen, sie sollte unsere Präsidentin sein, werden sie nicht wählen, weil der kalkulierende Verstand ihnen sagt, dass sie sowieso nicht durchkommt und die für sie abgegebene Stimme damit verloren wäre. Der Verstand rechnet nur mit den berechenbaren Folgen, meistens nur mit den Folgen in dieser Welt, nicht aber – und das kann er auch nicht – mit den Folgen in der geistigen Welt, die für uns unberechenbar sind. Wenn der Verstand bei oder vor einer Entscheidung kalkuliert, um sie »richtig« treffen zu können, vergisst er, dass nicht der Erfolg das Entscheidende an jeder Entscheidung ist. Für die geistige Welt, die Welt der eigentlichen Ursachen des Geschehens, und auch für unser ewiges geistiges Wesen, für unsere weiteren Inkarnationen ist entscheidend, wie wir uns je entschieden haben, und nicht, wie die sichtbaren Folgen waren. Aus der Sicht der Ewigkeit zählt nur die Entscheidung selbst.

Im neunten Gebot wird diese Verbindung mit dem eigenen Herzen weiter präzisiert: Wir sollen und müssen uns – immer wieder – mit dem inneren Kind als unserem eigenen göttlichen Kern und dann mit der inneren Göttin verbinden. – Ist das aber nicht dasselbe wie die Verbindung mit dem eigenen Herzen? Sind das nicht Synonyme?

In diesem Kontext wäre es sinnvoll, neben der Zeile des »vierten Gebotes«, die du erwähnt hast, auch die anderen zwei Zeilen zu betrachten. Nur so kann man die ganze Spannweite des Weges erkennen, der zur rechten Entscheidung führt.

Die zweite Zeile heißt: »Pflege die Freiheit deiner Seele!« Ich finde sie wichtig, weil Menschen es gewohnt sind, sich unentwegt innerhalb der vorgefertigten mentalen (auch egozentrischen) Muster zu bewegen. Entweder zwingt uns die Logik des Alltags, andauernd bestimmte Aufgaben zu erfüllen, oder man wird durch den Drang der emotionalen Bedürfnisse auf der Bühne des Lebens hin und her geschleudert. Dabei geht der Raum der Stille im Menscheninneren verloren, durch den sich jener Aspekt des Wesens Mensch ausdrücken könnte, den man allgemein »Seele« nennt. Mit der Seele ist hier der Wesenskern des Menschen gemeint, der jenseits der räumlich-zeitlichen Begrenzungen existiert, sozusagen der Ewigkeitsaspekt des Menschen. Darin ist das Wissen gespeichert, wohin der geistige Weg führt, und was, gesehen im Spiegel der Ganzheit des gegebenen Menschen, sinnvoll oder nicht sinnvoll ist. Es handelt sich dabei eigentlich um den weiblichen Aspekt des höheren Ich.

»Pflege die Freiheit deiner Seele« bedeutet also, bewusst den räumlich-zeitlichen Rahmen aufrechtzuerhalten, durch den die Inspirationen und stillen Botschaften der Seele (der inneren Göttin) wahrgenommen werden können. Es handelt sich um eine Art inneren Tempel der Stille, in den man sich begibt, wenn auch nur für kurze Augenblicke, um sich »dem Klang der inneren Stimme zu öffnen« – so heißt die dritte Zeile.

Gewöhnlich nennt man so etwas Meditation. Aber ich finde dieses Wort an besagter Stelle zu ernst und zu herausfordernd. Sich in den inneren Raum der Stille zu begeben, heißt für mich lediglich, für einige Momente still zu werden, sich mit dem eigenen Wesenskern zu verbinden, zu schauen, wo man in seinen Gedanken und Gefühlen gerade ist, und sich gut zu erden – um dann weiter den Lebensströmungen zu folgen.

Ich bin offensichtlich von einer alten Fassung der »neun Gebote« ausgegangen, so wie sie in der deutschen Ausgabe deines Buches Die Tochter der Erde *von 2002 stehen. Das ist aber immerhin schon zehn Jahre her, und aus der neuen Fassung, die du mir jetzt geschickt hast (und die wir in diesem Buch als Anhang veröffentlichen), ist ersichtlich, dass du weiter daran gearbeitet und deine Vorstellungen weiterentwickelt hast. So möchte ich die neuen »neun Gebote« – so wie vorhin – kurz aufzählen: keine Schuldgefühle haben – die Sensibilität erneuern – der zyklischen Natur des eigenen Wesens folgen – auf die Anweisungen des eigenen Herzens horchen – das Geschenk des eigenen Körpers erkennen – um das bitten, was man braucht – verehren – die eigenen Leichen bestatten – Stille vor dem Unaussprechlichen (bewahren).*

Das, wovon wir gesprochen haben, ist also im vierten Gebot enthalten, wobei das Wahrnehmen der Göttin in ihrer wandelbaren Präsenz ein Teil des siebten Gebotes »Verehre!« ist.

Das fünfte Gebot heißt: »Erkenne das Geschenk deines Körpers!« – Vielleicht könntest du, Marko, mehr dazu sagen, vor allem auch, wie man den dritten Punkt, »Sprich mit deinem Körper!«, verstehen soll.

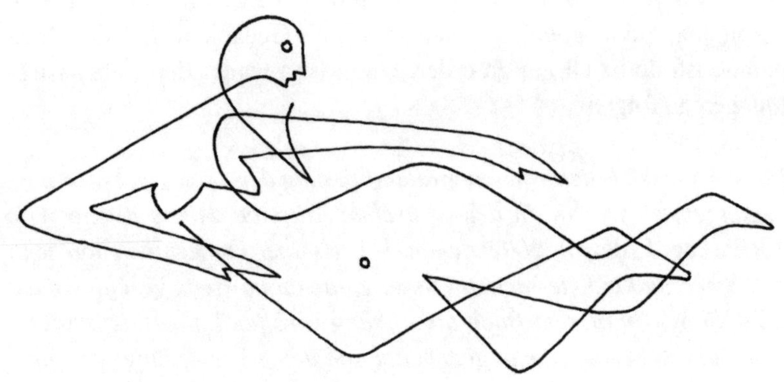

»Erkenne das Geschenk deines Körpers.«

Lieber Radomil, in dieser Zeit der ständigen Veränderungen ist es kaum möglich, etwas zu schaffen, was nicht fortwährenden Wandlungen unterliegt. So auch mein Versuch, den weiblichen Aspekt der Ethik zu formulieren. Wie du siehst, sind die neun Gebote inzwischen erneuert worden.

Zum ersten möchte ich die kurze Aussage »Verehre!« auf folgende Weise vervollständigen. Als eine patriarchale Kultur stellen wir den Hauptwert auf Tun und Aktivität. Wir sind zielgerichtet. Im kreativen Sinne ist dies nicht falsch. Es kann jedoch Aggressivität verursachen, wenn der Aspekt des »reinen Seins« als weiblicher Pol der Kulturschöpfung nicht gelebt wird. Mit dem »reinen Sein« denke ich an das Genießen des Lebens als einer stillen oder jubelnden Teilnahme an seinem Wunder – oder auch der traurigen Annahme seiner Tragik. Es heißt, in jedem Moment voll anwesend zu sein und die Vielschichtigkeit des Lebens zu ehren, die auch das noch Verborgene mit einschließt.

Die neun Gebote der Göttin sind nach dem Prinzip dreimal drei aufgebaut. Man spricht von drei Aspekten der weiblichen Gottheit, die ich mit den Begriffen »Göttin der universellen Ganzheit – die weiße«, »Göttin der Lebensfülle – die rote« und die »Göttin der Wandlung – die schwarze Göttin« benannt habe. Jeder dieser drei Aspekte enthält wiederum alle drei genannten Gesichtspunkte – in etwas gewandelter Form. So kommt man zur Zahl Neun.

Was das Thema Körper betrifft, so wird es wohl dem roten Aspekt der Göttin zugeordnet, weil es um eine ihrer Ausdrucksformen in der manifestierten Welt geht. Die Verkörperung, sei es in der Materie oder im feinstofflichen Bereich, wird als ein unermessliches Geschenk geehrt. Dazu gibt es wiederum drei Aspekte:

Erstens sind verschiedene Lebensreiche in unseren Körper integriert – wir haben schon anfangs, wenn ich mich richtig erinnere, kurz darüber gesprochen. Wir haben durch unseren mehrdimensionalen Körper Anteil am Reich der Tiere, an der Feenwelt und der Welt der Elementarwesen. Unser Körper schwingt in Resonanz mit gewissen Sternen und geistigen Schöpfungsquellen. Der Körper ist ein Mikrouniversum, ein Weltall im Kleinen.

Zum zweiten wird der Körper von mir als ein »Haus der Freude« bezeichnet. Damit ist die Fähigkeit des Körpers gemeint, den Menschen

Resonanzpunkte des Tierwesens Mensch am Körper:
(1) Beziehung zum Tierkreis;
(2) Identitätspunkt;
(3) Zugang zum Weisheitsschatz der Tiere;
(4) der Resonanzraum des Tierherzens im Menschen.
(Gemeinsam erarbeitet mit Simona Čudovan.)

durch unmittelbare Erfahrungen unzähliger Erscheinungen des Lebens zu führen. Ohne das Geschenk des Körpers könnten wir weder die Süße des Honigs schmecken noch uns gegenseitig im erotischen Sinne berühren.

Der dritte Abschnitt: »Sprich mit deinem Körper«, ehrt das Körperbewusstsein. Der Körper ist so wunderbar aufgebaut, dass er als ein Medium wirken kann, durch das der Mensch ständig Botschaften erhält – nicht nur zum Thema seines gesundheitlichen Zustands. Die unterschiedlichen Körperreaktionen sind für mich unerlässlich, etwa um die geomantischen Ausdehnungen eines Ortes oder seine Wunden zu erkennen. Bei den geomantischen Untersuchungen muss ich ständig auf die Gefühle meines Körpers achten. Innerlich stelle ich die Frage, wie es dem Ort geht, und lausche auf die Antwort meines Körpers als einer sensiblen Antenne und einer elementaren Bewusstseinseinheit.

Danke, Marko, für diese Erklärung. So ist der ganze Aufbau der »neun Gebote« sehr gut verständlich und auch sehr harmonisch.

Im Zusammenhang mit dem achten Gebot »Bestatte deine Leichen!« möchte ich, bevor wir weiter über unser Thema sprechen, als ein Einschiebsel folgendes bemerken: Inzwischen ist die Präsidentenwahl in unserem Land abgeschlossen und das Ergebnis für mich und einige andere erschütternd: Etwa 50 Prozent der Wähler haben ihre Stimme

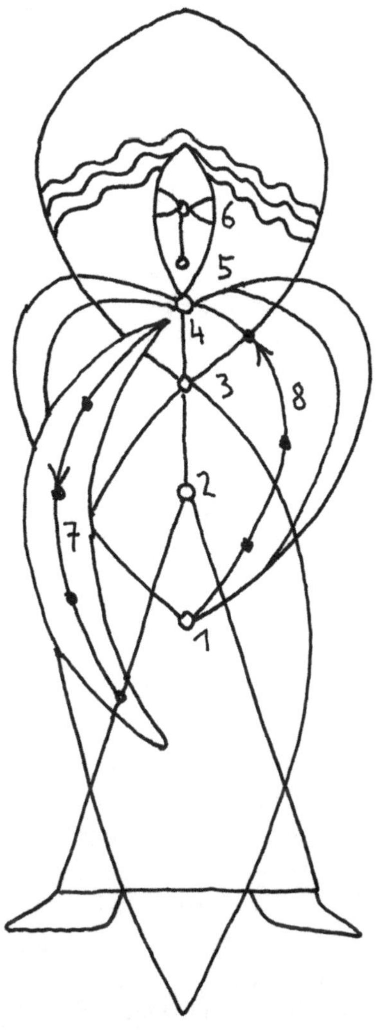

Dimensionen des Feenkörpers beim Menschen: (1) ein holographischer Teilstück der Gaiapräsenz; (2) Beziehung zu den Ahnen der Feenwelt; (3) das Herz unseres Feenwesens; (4) die kreativen Quellen des Kehlkopfes; (5) die Quelle des schöpferischen Wortes; (6) das dritte Auge des Feenwesens; (7) die Chakren der Manifestation im vorderen Bereich des Körpers; (8) die Kräfte der Pflanzenwelt am Rücken.

(Gemeinsam erarbeitet mit Simona Čudovan.)

einem der zwei Kandidaten gegeben, die nicht nur durch ihr hohes Alter, sondern vor allem durch ihr Denken und Handeln das Alte repräsentieren: die rücksichtlose Ausbeutung der Erde und der Mitmenschen, Egoismus, Macht- und Selbstsucht. Als wären die meisten Bürger blind und taub. Als wollte niemand – in einer Welt, die zugrundegeht – die eigenen Leichen bestatten und sich damit von alten Mustern verabschieden, vielleicht aus Bequemlichkeit, aus Unsicherheit oder aus Angst.

Das Erschütternde ist eben zu sehen, wie wenig bisher ein Wandel in der Gesellschaft, in den Menschen Fuß gefasst hat, wie groß die Anzahl der Menschen ist, die keine Änderung wollen, wie wenige Menschen eine Verbindung zu ihrem Wesenskern haben. Die Lage erscheint viel schlimmer, als man angenommen hat.

Wie nimmst du, Marko, die Situation in der Welt wahr? Wie zeichnet sie sich zum Beispiel in Slowenien ab?

Du hast dich also dazu entschlossen, Radomil, gleich auf konkrete Vorkommnisse Bezug zu nehmen. Das finde ich gut, weil es unseren Austausch erdet.

Leider kann ich nicht sagen, dass es in Slowenien anders vor sich geht. Die Ursache dafür sehe ich besonders im erwähnten achten Gebot der universellen Göttin. Die alten Muster des Denkens, Fühlens und Handelns können nicht einfach energetisch oder geistig ausradiert werden. Dem weiblich-geistigen Prinzip der Wandlung zufolge, müssen »die Leichen« zuerst als solche erlebt und erkannt werden. Erst danach kann der Prozess ihrer Auflösung ins Rollen kommen, bis sie schließlich durch die neuen ethisch fundierten Entscheidungs- und Handlungsmuster ersetzt werden.

Es handelt sich also insgesamt um einen dreistufigen Prozess, durch den die alten Muster nicht einfach bekämpft und abgeschafft werden (so würde man nach dem männlichen Prinzip verfahren), sondern sie müssen in ihrer Ungerechtigkeit, Lieblosigkeit und sogar Grausamkeit erlebt werden, damit Menschen die Möglichkeit haben, sich bewusst davon abzuwenden und das Neue zu wählen. Dadurch wird die Freiheit der menschlichen Entscheidung bewahrt. Auch werden wichtige Erfahrungen davon, was wahr und was Lüge ist, gesammelt.

So geschieht gerade etwas scheinbar Gegensätzliches. Gerade in einer Zeit, in der so viele Menschen zur Wahrheit erwachen, wird die Präsenz der Gegenkräfte und der veralteten Muster in der Gesellschaft stärker als je zuvor. Man sollte deswegen nicht resignieren, sondern es als etwas relativ Positives sehen.

In Slowenien ist der Prozess etwas vorangeschritten. Seit Wochen protestieren die Menschen auf den Straßen der slowenischen Städte gegen die Korruption und den Missbrauch der Machtpositionen in der Gesellschaft durch Politiker. Aber ich sehe nicht, dass es schon einen Konsens gibt, was die möglichen Alternativen betrifft. Ich habe noch keine Möglichkeit gefunden, mein Gaiakultur-Manifest so zu publizieren, dass es als ein zukunftsweisender Weg wahrgenommen wird.

Es sieht wirklich so aus, als müssten auch in der Politik die alten Muster zunächst ganz sichtbar werden, also deutlich in Erscheinung treten, damit sie erlebt, klar erkannt und dann hoffentlich auch aufgelöst oder ersetzt werden können. Nur fragt man sich manchmal, warum wir Menschen nicht etwas feinfühliger oder hellsichtiger sind und die untauglichen Denk- und Handlungsmuster nicht viel früher erkennen. Warum müssen wir sie bis in die letzten Konsequenzen auskosten…

Bevor wir von den »Neun Geboten« Abschied nehmen, möchte ich noch bei dem ersten Gebot: »Hab keine Schuldgefühle!« kurz verweilen. Ist es tatsächlich so, dass wir derart mit Schuldgefühlen belastet sind, dass die erste Voraussetzung sein muss, sie loszuwerden?

Bevor ich zum Thema Schuldgefühle komme, lieber Freund, muss ich mich noch deiner Frage widmen, warum wir Menschen nicht feinfühliger sind und die untauglichen Denk- und Handlungsmuster nicht früher erkennen. Meiner Erfahrung nach liegt die Ursache dafür darin, dass es nicht nur um die Muster geht, sondern auch um die Wesenheiten, die diese belasteten und veralteten Muster vertreten, beleben und beschützen. Ihre oft mächtigen Kräfte werden von Menschen genährt, die sich vor Veränderung und vor allem vor der Wahrheit scheuen. Oder sie hegen selbstsüchtige Interessen, die sie durch eine blinde Unterstützung der sogenannten Gegenkräfte zu verwirklichen hoffen.

Mit den Gegenkräften meine ich Kräfte und Wesenheiten, die der Entwicklung der Menschheit in Richtung Selbsterkenntnis entgegenwirken. Sie versuchen, Menschen in ihrer geistig-seelischen Entwicklung zu bremsen.

Es handelt sich dabei jedoch nicht um mystische »dunkle Mächte«, die man bekämpfen muss, sondern um Kräfte der schwarzen Göttin, der Göttin der Wandlung. Sie ist ein Aspekt der universellen Gottheit und hat das Recht und die Aufgabe, alles im Universum oder auf Erden anzugreifen, was nicht in vollkommener Wahrheit und Liebe schwingt. Auf diese Weise wird innerhalb der kosmischen Ordnung sichergestellt, dass allen möglichen Fehlentwicklungen ein Spiegel vorgehalten wird, durch den die Menschen oder auch andere Wesenheiten früher oder später auf den Weg der Wandlung gebracht werden. Sie werden so lange angegriffen oder auf eine andere Art und Weise gepeinigt, bis sie letztendlich ihre Illusionen loswerden, zu ihrem wahren Kern erwachen und dadurch befähigt sind, ihren Teil zur Entfaltung des Universums beizutragen.

Nun zu deiner Frage die Schuldgefühle betreffend! Als erstes muss ich sagen, dass ich die Neun Gebote nicht nach einer eigenen Logik geschrieben habe. Sie sind in einem inspirierten Moment mit der Kraft und der alogischen Logik der Göttin sozusagen über mich gekommen. Und gerade die erste Strophe ist seitens der herkömmlichen Ethik und Moral schwer zu akzeptieren. Sie besagt, dass das weibliche kosmische Prinzip – sprich die Mutter allen Lebens – eine so breite Spanne von Möglichkeiten im Universum und auf Erden aufrecht erhält, dass alles darin inbegriffen ist, sowohl das Beste als auch das Fürchterlichste. Auf dieser Ebene kann es gar nichts Fehlerhaftes geben, gar nichts, was von vornherein verdammt wäre. Das ganze Spektrum der Möglichkeiten gehört zu ihrem Schoß, in dem wir wachsen, falsche Entscheidungen treffen, dunklen Kräften dienen, uns wandeln, kreativ werden, uns der Schönheit des Lebens freuen und so weiter. In diesem Sinne sollte es also keine Schuldgefühle geben. Sie werden den Menschen oft nur durch veraltete patriarchale Gebote eingehämmert, damit sie in Furcht versetzt werden und dadurch besser von religiösen oder intellektuellen Eliten beherrschbar sind.

Die Göttin der Wandlung

Das, worüber wir oben gerade gesprochen haben, gehört genau in diesen Themenbereich. Mit dem Satz: »Pflege das Vertrauen in die Gerechtigkeit des Lebens!« wird dies nochmals betont. Statt von Schuldgefühlen geplagt zu werden, sollte man darauf vertrauen, dass die Göttin der Wandlung (man nehme dies bitte als eine symbolische Benennung) Wege finden wird, um bei den Taten eines Menschen die Spreu vom Weizen zu trennen und die entsprechenden, oft äußerst schwierigen Wandlungsprozesse in seinem Leben einzuführen. Dies wird auch mit dem Begriff des karmischen Ausgleichs bezeichnet: Du darfst tun, was du willst, aber wisse, dass du irgendwann und irgendwo den Ausgleich dafür wirst aufbringen müssen, falls du einen Aspekt des Lebens oder eines Lebewesens irgendwo im Universum oder auf Erden verwundet oder in seiner Entwicklung behindert hast. Anstatt Schuldgefühle zu hegen, sollte man die volle Verantwortung für die eigenen Entscheidungen und Taten übernehmen.

Ich denke, wir können nun die »Neun Gebote« der Göttin abschließen; ich würde vielleicht nur noch das sechste Gebot erwähnen, das ich auch sehr schön finde: »Bitte um das, was du brauchst!« Es ist etwas, was wir oft vergessen: zu bitten. Wir brauchen etwas und nehmen es; oder aber wir schämen uns, finden es anmaßend und entbehren es lieber. Dieses Gebot verlangt von uns allerdings, unterscheiden zu lernen zwischen dem, was wir brauchen, und dem, was wir nicht brauchen. Und ich meine, wirklich richtig unterscheiden kann man nur durch Intuition, durch das Herz. Es ist also wieder eine große Herausforderung für die eigene Entwicklung!

Dieses Gebot hat noch zwei weitere Verse: »Erlaube der Lebensfülle, dich zu beschenken!« und »Gib weiter an andere!«. Wir sollen also ernsthaft bitten, uns beschenken lassen und weitergeben. Das heißt, es geht darum, die große Kunst des rechten und ausgewogenen Nehmens und Gebens zu lernen.

Bevor wir unsere Aufmerksamkeit den »Neun Geboten« zuwandten, hatten wir über den zweiten Punkt aus deinem Gaiakultur-Manifest gesprochen. Es ging um die Selbsterkenntnis als Voraussetzung für eine erfüllende Partnerschaft zwischen Mensch und Erde und eine ethisch ausgerichtete Lebenspraxis. Ich möchte gerne noch weitere

Punkte aus dem Manifest genauer betrachten, doch vorher hätte ich noch folgende Frage zu dem bereits Gesagten:

Wir haben zuerst über Gaia gesprochen, über die Erdseele, und jetzt wiederum über die Göttin, das weibliche kosmische Prinzip – wie du es, Marko, genannt hast – die »Mutter allen Lebens«. Sind Gaia und die Göttin für dein Verständnis eigentlich identisch?

Ja und nein! Für mich ist der Kosmos nach dem holographischen Prinzip geordnet. Das heißt, dass die kleineren Einheiten immer auch die größeren spiegeln beziehungsweise, dass die kleineren in den größeren enthalten sind. Man nutzt in diesem Zusammenhang gerne das Beispiel jenes russischen Spielzeuges, »Matjuschka« – Mütterchen – genannt, bei dem die kleinere Puppe – für das Auge unsichtbar – in der jeweils größeren steckt.

In diesem Sinne sehe ich Gaia, die Erdseele, als einen holographischen Bruchteil der Göttin, angenommen, dass die Göttin das weiblich kosmische Prinzip darstellt. Wenn Gaia als Schöpferin allen Lebens, des Bewusstseins und der Heiligkeit unseren irdischen Kosmos gilt, so könnte man dasselbe auf der Ebene des Universums auch von der Göttin sagen. Hier würde ich sie als Sophia, die Weisheit vom Urbeginn, bezeichnen. Gaia wäre demnach die Göttin der zweiten Potenzebene und Sophia die der ersten.

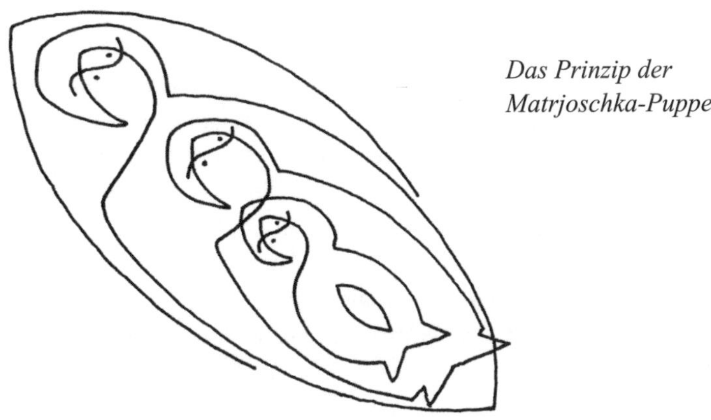

Das Prinzip der Matrjoschka-Puppe

Man sollte es sich aber nicht so vorstellen, dass die eine in der Erde sitzt und die andere in der Mitte des Universums. Für uns auf Erden sind sie beide gleichzeitig anwesend, jedoch auf unterschiedlichen Potenzebenen. Dazu muss ich unbedingt noch eine dritte Potenzebene einführen. Es geht um die Göttin oder das weiblich Göttliche in jedem von uns Menschen. Dies ist wohl die kleinste Matrjoschka-Puppe von allen.

Im Herzbereich des Menschen nehme ich den Brennpunkt Gaias, wie bereits erwähnt, mitten im organischen Herzen wahr. Ich sehe ihn als ein rubinrotes Kraftzentrum, das ich mit anderen Chakren, bekannt durch das Yoga-System, gleichsetzen würde.

Den Fokus der universellen Göttin nehme ich im Bereich des Herzchakras wahr, wo auch der sogenannte »Funke der Gottespräsenz« lokalisiert wird – auch dies wurde bereits kurz erwähnt. Das Herzchakra kann man sich als Brennpunkt der Identität des Menschen, als eine kleine Sonne vorstellen, die grün strahlt. Sie wird in ihrer Selbständigkeit von zwei »Sternen« unterstützt, die in ihrer Winzigkeit absolut konzentriert sind. Sie gleichen zwei kleinen Samenkörnern. Die Strahlung des kleineren, der in den Evangelien Christi als Senfkorn identifiziert wird, sehe ich rot gefärbt und mit der Präsenz Sophias schwingend. Der größere gleicht einer sanft-grünen Erbse mit goldener Strahlung. Darin nehme ich die Schwingung des kosmisch-männlichen Prinzips wahr, der gewöhnlich mit dem Begriff des Gottes gleichgesetzt wird.

Man sollte aber auch die Resonanz mit dem Gaiaprinzip im Bauchbereich und mit der Sophia im Schädelbereich des Menschen nicht vergessen.

Den Vergleich mit den Matrjoschka-Puppen finde ich sehr eingängig. In Prag gibt es ja unzählige Geschäfte mit Tausenden von diesen Gaiamodellen. Jedoch sollten wir uns die Wirklichkeit des Weiblich-Göttlichen, meine ich, nicht so physisch-mechanisch vorstellen. Denn das Ineinanderstecken geschieht nicht im dreidimensionalen Raum, und die Wirklichkeit des Weiblich-Göttlichen hat nicht den Charakter von Hüllen, sondern von Sphären, die aber eben nicht räumlich, sondern überräumlich sind. Ich würde es vielleicht wie sich durchdringende Kraftfelder beschreiben, von denen jedes im Raum gleich anwesend ist, jedoch jeweils in einer anderen Potenz schwingend.

Zu deiner Beschreibung der Gaia- und Göttinnen-Brennpunkte: Wenn ich das in Relation mit den bereits beschriebenen Kraftzentren des Herzsystems bringe, wird es etwas unübersichtlich; vielleicht wäre eine Zeichnung all dieser Zentren und Brennpunkte von dir hilfreich. Was meinst du?

Nun also zurück zum Manifest! Punkt zwei haben wir besprochen. Die nächsten Punkte würde ich mit folgenden Stichwörtern charakterisieren:

Punkt 3: Trennung zwischen Erde und Kosmos überwinden.

Punkt 4: Den Wesenheiten der Erde und des Kosmos das Herz öffnen und mit ihnen ins Gespräch kommen.

Punkt 5: Das Schulsystem wandeln.

Punkt 6: Die Ökonomie umwandeln; uns den subtilen Ebenen der mehrdimensionalen Wirklichkeit öffnen.

Punkt 7: Die Kunst der Geomantie in der Praxis umsetzen.

Über manches davon haben wir bereits gesprochen; was mir als sehr wichtig erscheint und was wir bisher nicht berührt haben, ist das Schulsystem, die Erziehung und die Ausbildung der Kinder und Jugendlichen. Es wird meistens gar nicht reflektiert, wie sehr diese Sphäre von der heute dominierenden Weltanschauung beherrscht wird – einer Weltanschauung, die einen wesentlichen Teil der Welt leugnet. Du betonst hier die Entwicklung der Feinfühligkeit. Hast du eine konkretere Vorstellung, wie das geschehen, wie sich die ganze Schulbildung wandeln könnte?

Bei der Entschlüsselung des Herzsystems geht es darum, dass meine Untersuchungen zur Beschaffenheit unseres wundervollen Herzmikrokosmos parallel zu unserem Dialog im Gange sind und so neue Einsichten in unser Gespräch einfließen.

Vom Herz- also nun zum Schulsystem! Es gibt einen wesentlichen Unterschied zwischen den beiden: Das herkömmliche Erziehungskonzept kennt das mehrdimensionale Raum- und Zeitmodell nicht. Durch diese neue Art von Weltmodell kann aber verstanden werden, dass der Mensch auf verschiedenen Ebenen gleichzeitig existiert. Jemand, der als Kind auf der Schulbank sitzt oder gerade geboren wurde, existiert gleichzeitig als eine Geistseele auf der feinstofflichen Ebene. Das kleine Kind ist also simultan als ein erwachsener Mensch mit Zugang zum Speicher des kosmischen All-Wissens anwesend.

Was dieses geistig und seelisch erwachsene Wesen lernen sollte, ist, in den Umständen der verkörperten Welt zu fühlen, zu denken und zu schaffen. Anders gesagt, geht es darum, dass es lernt, seine schon in den feinstofflichen Welten erworbenen Fähigkeiten unter den neuen Umständen nicht zu verlieren oder zu vergessen. Man sollte dem Kind helfen, seine ursprüngliche Sensibilität und sein Eingebettetsein im universellen Wissen in die Gesetzmäßigkeiten der verkörperten Welt und in die Systeme ihrer Logik zu übersetzen. Die bereits vorhandenen Fähigkeiten sollten nicht von vorgefertigtem Wissen überstülpt werden.

Wir haben da dieses kosmische Wesen Mensch, das an einer bestimmten Stufe seiner Entwicklung steht. Es ist nun in die materielle Welt geboren worden, um seine Entwicklung weiterzuführen. Die Herausforderung an ein neues Schulsystem wäre eine zweifache:

Wie kann man diesem Wesen helfen, sich in den Umständen der verkörperten Welt zurechtzufinden? – Darüber wurde bereits einiges gesagt.

Eine zweite Frage wäre, wie man diesem Menschwesen helfen könnte, jenes im Leben zu verwirklichen, wofür es in der Welt der Materie sich zu verkörpern entschlossen hat. Wie kann es vorbereitet werden, damit es im Leben genau jenes erfahren kann, was es für die Weiterentwicklung seines kosmischen Gesamtwesens braucht? Oder: Wie kann man diesem in die verkörperte Welt hineingeborenen Menschen helfen, jene geistige Aufgabe im zukünftigen Leben zu verwirklichen, wegen der er sich als ein Kind verkörpert hat?

Hier ändert sich natürlich auch die Aufgabenstellung für die Lehrenden. Das Lehren wird zu einer hochkreativen Unternehmung. Es ist klar, dass Lehrerinnen und Lehrer nicht mehr nur ganz bestimmte, vorgegebene Lehrmuster befolgen können. Sie lernen selbst, indem sie andere lehren.

Im Einklang mit dem, was du gerade gesagt hast, finde ich folgende Voraussetzungen für einen grundsätzlichen Wandel der Erziehung und Ausbildung am wichtigsten: Es ist zum einen das Bewusstwerden dessen, dass der Mensch im Grunde ein geistiges Wesen ist, das sich auf der Erde und durch die Erde verkörpert. Es macht hier Erfahrungen und entkörpert sich dann wieder, um in seine geistige Heimat zurückzukehren. Nach einer längeren oder kürzeren Zeit tritt es wieder in die irdischen, räumlich-zeitlichen Verhältnisse ein und verkörpert sich erneut. Für jede Verkörperung gibt es gewisse Absichten, Aufgaben, Vorsätze, Beauftragungen. Der Mensch sucht im Leben Wege – wenn auch oft unbewusst –, wie er diese erfüllen kann.

Die zweite Tatsache, der sich die Menschheit unbedingt bewusst werden muss, wenn sich die Verhältnisse in allen Lebensbereichen, nicht nur im Schulwesen, ändern sollen, besteht darin, dass wir nicht die einzigen intelligenten und bewussten Wesen auf der Erde sind; es gibt hier noch andere Intelligenzen (wenn wir schon das Wort gebrauchen wollen, wobei wir vielleicht eher von Weisheiten sprechen könnten), die viel vollkommener, vor allem aber ganz anders geartet sind als wir. An Bildung müssen wir entsprechend ganz anders herangehen, wenn wir drei Dinge erkennen. Erstens, dass die Ursachen des physischen, mit den herkömmlichen Sinnen wahrnehmbaren Geschehens im unsichtbaren, geistigen Bereich liegen. Zweitens, dass der unsichtbare Bereich mindestens genauso umfang- und facettenreich ist wie der sichtbare. Und drittens, dass die Dinge und wir selbst einen Sinn haben.

Es ist eine Sache, was *unterrichtet wird. Meist handelt es sich, wie du sagst, um vorgefertigtes Wissen, das in vielen Fällen aber falsch ist, weil es die Welt auf eine irrtümliche Weise deutet; die andere Sache ist,* wie *unterrichtet wird: Denn auch der Mensch als Empfänger des Unterrichts wird völlig falsch gedeutet – als Biomaschine, die intellektuelle Leistungen zu vollbringen hat. Es müssen sich also sowohl die Inhalte als auch die Methoden der Bildung wandeln. Die Bildung müsste zu einer Art Kunst werden, die dem auszubildenden Menschen dabei hilft, dass er*

- *sich richtig in die mehrdimensionale Welt einordnet und ihr dienlich ist,*
- *sich selbst als mehrdimensionales, mehrschichtiges Wesen kennen und verstehen lernt,*
- *seinen höheren Auftrag findet und ihn erfüllen kann.*

Du kannst, Marko, diese Skizze bestimmt noch erweitern.

Was ich gerne nochmals betonen möchte, ist der Aspekt der Verkörperung des Kindes innerhalb der Kraft- und Lebenssysteme der Erde. Indem die geistigen Wesenheiten wie Tiere, Pflanzen oder Menschen immer wieder in einen materiellen Körper hineinschlüpfen, nehmen wir an der Entwicklung des Universums in Richtung der immer greifbareren Materialisierung teil. Geistige Dimensionen gewinnen dadurch an Stärke und an Schönheit ihrer Existenz.

Jedes Kind, das verkörpert wird, und jeder Mensch, der verkörpert durch das Leben wandert, sollte zu dieser kosmischen Entwicklung einen Beitrag leisten. Dieser Beitrag ist gering, wenn Kinder nicht gelehrt werden, bewusst und liebevoll in ihren Körpern zu verweilen und schöpferisch zu werden. Als Folge können auch sie die Verkörperung anderer Wesenheiten aus ihrem Umfeld nicht tief genug schätzen, seien sie Tiere, Pflanzen, Landschaften oder das kostbare Wasser.

In diesem Zusammenhang sollten Kinder auch in die Kraft und Fähigkeit der Unterscheidung zwischen dem, was wahr, und dem, was nicht wahr ist, eingeweiht werden. Dies finde ich besonders wichtig, weil sie in eine Welt geschickt werden, die sich in einer dramatischen Phase der Entwicklung befindet. Es wirken dort Kräfte der Illusion, die nicht wollen, dass der Mensch zu seinem wahren Wesenskern erwacht und dass die Welt der Materie nach und nach in das Universum des Geistes eingebettet wird. Sie wollen in einer von der kosmischen Ganzheit abgetrennten Welt herrschen und ihre Illusionen weiter ausdehnen.

Wie kann sich ein junger Mensch in solchen Umständen zurechtfinden, wenn sein Gespür für die Wahrhaftigkeit seines Denkens, Fühlens und Handelns im Schulungsprozess nicht wachgerufen und ihm kein Wissen von den Gegenkräften vermittelt wird? Er wird zum Opfer der Illusionen erzogen.

Noch etwas darf nicht vergessen werden. Wir leben in einer Zeit der großen Wandlungen. Die Kinder, die heutzutage geboren werden, sind schon mehr oder weniger darauf vorbereitet, zukünftig in einer andersartigen – vermutlich in einer mehrdimensionalen – Welt zu leben. Ihr Bewusstsein und ihr Körper mögen dem schon weitgehend angepasst sein. Wenn sie als solche in die alten Verhaltens- und Denkmuster gepresst werden, wird ihnen ein leidvoller Schaden angetan. Ihre Reaktionen sind oft chaotisch und aggressiv. Um dies zu verhindern, sollte man das Schulsystem auf die Phasen der Wandlung des irdischen und des menschlichen Körpers beziehungsweise Bewusstseins einstimmen.

Es scheint mir, dass der Wandel des Schulsystems im angedeuteten Sinne nicht möglich ist, solange die Erwachsenen, die im Schulwesen arbeiten, also vor allem die Lehrerinnen und Lehrer selbst, nicht die Illusion durchschauen, die darin besteht, dass sie glauben, die Welt setze sich nur aus Materie und aus messbaren Kräften zusammen, das Bewusstsein sei nur eine Funktion des Stoffes, die Gefühle gingen aus hormoneller Tätigkeit und Gedanken aus elektrochemischen Prozessen im Gehirn hervor, das Leben sei durch Zufall aus dem Unlebendigen und das All durch den Urknall aus dem Nichts entstanden, die treibende Kraft der Evolution seien Mutationen und Egoismus, das heißt der hochgepriesene Kampf ums Überleben, die Konkurrenz in der Wirtschaft und das Ausleben des eigenen Egoismus sei die unabdingbare Voraussetzung des Gemeinwohls und so weiter.

Solange diese große Illusion als eine offizielle Doktrin und als die einzige öffentlich zulässige Meinung durchgesetzt wird, ist ein Wandel kaum vorstellbar. Eine solche Doktrin, die in der Bildung und Erziehung angewendet wird, kann keine andere Konsequenz haben als eben diesen Menschentypus, mit dem wir heute so oft zu tun haben: Einen Menschen, der kein Erbarmen mit seiner Umwelt und seinen Mitmenschen kennt, der nicht die Fähigkeit besitzt, mit anderen Wesen mitzufühlen. Ein solcher Mensch kann nur kalkulieren und ausbeuten. Und wenn jemand anders ist, wenn jemand mitfühlen kann, Gewissen hat, altruistisch ist, dann ist er dies nicht dank des Schulsystems, sondern trotz des Schulsystems – dank der Kraft seines geistigen Urkerns und der ihm helfenden Engel. Da es diese Kräfte aber gibt: die Kraft des eigenen Urkerns und die der helfenden geistigen Wesenheiten, gibt es auch Hoffnung, dass es zu einem Wandel kommen kann; wenn es wirklich nur das Stoffliche gäbe, wäre ein Wandel kaum möglich. Die Frage muss also sein, wie der allgegenwärtigen Illusion ihre Kraft genommen, wie sie außer Kraft gesetzt werden kann…

Möchtest du, Marko, bevor wir uns dem sechsten Punkt des Manifests, der Ökonomie, zuwenden, noch etwas zum Schulsystem ergänzen?

Gerne würde ich zu der Frage, wie der allgegenwärtigen Illusion ihre Kraft genommen werden kann, einen Kommentar geben. Ich sehe da zwei reale Möglichkeiten.

Die erste ist die, dass immer mehr Einzelmenschen beschließen, ihre Lebens-, Gefühls- und Denkweise zu wandeln. Jede aufkommende Situation, sei sie noch so düster, kann in ihrem kreativen oder Leben fördernden Potential wahrgenommen werden. Bewusst hält man den inneren Frieden aufrecht, auch wenn die Lage noch so dramatisch ist. Der Mensch entscheidet sich, wahrhaftig zu handeln, obwohl das von der Umgebung nicht gewollt ist. Wenn immer mehr Einzelpersonen oder Gruppen solche Entscheidungen treffen und sie durchhalten, werden nach und nach die Urmuster auf der sogenannten kausalen Ebene gewandelt. Die Ursachen, die die Menschen unterbewusst dazu drängen, sich Illusionen zu unterwerfen, verblassen dann allmählich. Die Menschen werden freier sein, der Stimme ihres eigenen Herzens zu folgen.

Die andere Möglichkeit sehe ich darin, dass eine Gruppe von Menschen kreativ an der Wandlung der Stereotypen arbeitet. Ich tue das mit Gruppen in Form von kreativen Ritualen, die ich nach einer bestimmten Inspiration gestalte, so wie es bei einem Kunstwerk der Fall

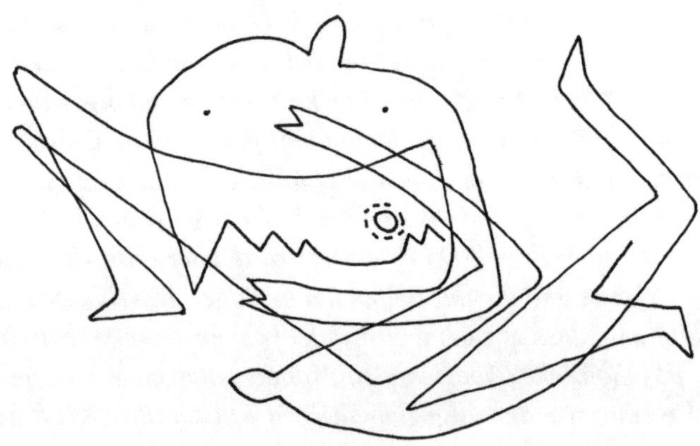

Dämonen haben die Absicht, eine von der Ganzheit abgetrennte Welt zu bauen.

ist. Du erinnerst dich sicher an das Ritual auf der Prager Burg Hradčany, das wir in diesem Dezember 2012 abgehalten haben. Wir haben daran gearbeitet, das Muster der Dominanz des männlichen Prinzips zu wandeln. Dieses ist wohl eines der destruktivsten Verhaltensmuster unserer modernen Zivilisation.

Die Gruppe hat zwei Kreise gebildet, einen Frauen- und einen Männerkreis. Die beiden Kreise befanden sich nebeneinander und drehten sich im gegenläufigen Sinne, so dass sich jeweils eine andere Frau und ein anderer Mann gegenüberstanden. Der Mann nahm eine imaginäre Krone vom Kopf und gab sie in die Hände der Frau. Die Frau gab die Krone an den Frauenkreis weiter. Während die Krone der männlichen Übermacht so von Frauenhand zu Frauenhand wandelte, wurde sie nach und nach bewusst aufgelöst. Die Gruppe war sich dessen bewusst, dass sie aufgrund der Resonanz mit diesem bestimmten Stereotyp zur Löschung eines falschen Musters beitrug. Auch der Ort, an dem das Ritual gefeiert wurde, hatte als Raum männlicher Machtausübung dabei eine Bedeutung.

Ja, es war ein sehr schönes Ritual und es wurde an einem Ort ausgeführt, an dem es in vorchristlicher Zeit vermutlich einen heiligen Hain gegeben hat. Eine Gruppe von Priesterinnen diente dort gemeinsam mit einer Hohepriesterin der Gottheit und pflegte diesen heiligen Ort. Während der Christianisierung wurden hier die St. Georg-Basilika und ein Nonnenkloster errichtet. Die Äbtissin hat dann über Jahrhunderte den böhmischen Königinnen, den Frauen der böhmischen Könige, die Krone aufgesetzt. Dieses Ritual hat sich bis zur Auflösung des Klosters 1782 erhalten; das Kloster ist dann zur Kaserne geworden…

Wir kommen hiermit eigentlich schon zum siebten Punkt des Manifests, zur Kunst der Geomantie. Bleiben wir jedoch noch einen Moment beim sechsten. Oft wird argumentiert, dass wir die Erde ausbeuten müssen, weil die Menschheit sonst verhungere. Es ist rührend, wie die Egoisten, die keine Rücksicht auf andere nehmen, ihren Egoismus gerne durch »Mitleid« mit den Menschen in Afrika und so weiter begründen: Sie tun so, als ob wir Gentechnik, Pestizide, Monokulturen statt Urwald, Stauseen und so weiter bräuchten, damit kein Hunger ausbreche… Doch es ist offensichtlich, dass nicht die Menge an Gütern, sondern deren Verteilung der Grund des Elends ist. Du formulierst es so, dass »die Erde ein Planet der Fruchtbarkeit und der Lebensfülle ist. Wenn ein Großteil der Menschheit an Lebensmittelmangel leidet, heißt dies, dass der Umgang mit den Ressourcen der Erde in falschen Bahnen verläuft.« Ich meine, die fehlerhafte, ungerechte Verteilung des irdischen Reichtums ist vor allem eine politische Frage, und solange sich die Politik, die heutzutage in erster Linie Machtausübung und Machtkampf ist, nicht grundsätzlich wandelt, wird es Elend, Hunger und Kriege geben. An der Situation ist jedoch auch die Wirtschaft schuld, die mit ihrem Konkurrenzprinzip die Akteure einfach zur Ausbeutung sowohl der Menschen als auch der Naturreiche drängt.

Du schreibst, dass es nicht genügt, die Prinzipien der heutigen Ökonomie zu ändern, sondern dass sich jeder Einzelne den verschiedenen Ebenen der mehrdimensionalen Erde öffnen muss – den Ebenen, auf denen die Erde ihre unerschöpflichen Vorräte an Lebenskraft aufbewahrt. Dies hört sich fast so an, als meintest du, dass wir uns an die Lebenskräfte der Erde direkt heranmachen und aus diesen schöpfen sollten, um unsere menschlichen Bedürfnisse zu befriedigen und das Elend auszumerzen. Ich muss dabei an die Stimmen denken, die meinen, wenn die Menschheit nur über »freie« Energie, also sagen wir über die Äther- oder Lebenskräfte, frei verfügen könnte, wären alle Probleme der Welt gelöst. Ich bin jedoch überzeugt, dass wir sehr schnell einfach alles vernichten würden, wenn wir Menschen in diesem Moment unerschöpfliche, frei zugängliche Energiequellen bekämen. Moralisch wären wir dem überhaupt nicht gewachsen – eben, weil wir kein Mitgefühl mit der Schöpfung haben. – Aber vielleicht meinst du dies ja anders, Marko? Vielleicht habe ich es nur nicht richtig verstanden?

Ich stimme zu, dass der Erde mit dem Hunger nach einer »freien« Energie eine noch perfidere Ausbeutung droht. Die Suche nach den unerschöpflichen, frei zugänglichen Energiequellen ist nur sinnvoll und lebensfördernd, wenn sie verkoppelt ist mit der Wandlung des Bewusstseins und der gemeinsamen Entscheidung der Menschheit, sich in der Beziehung zur Erde und ihren Lebewelten, den sichtbaren und unsichtbaren, an hohe ethische Standards zu halten. Unterzeich-

Aus der Breite des Universums und aus der Tiefe des Gaiabewusstseins gehen Impulse aus, um die entfremdete Welt zu wecken.

nete Abkommen genügen nicht, um zu einer solchen Entscheidung zu kommen. Es ist nötig, den Kreislauf des Austausches zwischen den Menschen und den Welten der Erde bzw. der Natur wieder herzustellen. Zur Zeit nehmen wir Stück für Stück alles, was wir brauchen, konsumieren es und werfen den Rest weg. Dies ist kein Kreislauf, sondern eine Einbahnstraße, die zur geistig-seelischen Verarmung des Menschen und zur Ausbeutung der Erde führt.

Um den Kreislauf wieder herzustellen, sollten wir als erstes auf die Frage verzichten, was wir von der Erde brauchen. Statt dessen sollten wir uns als erstes fragen, was wir der Erde und ihren Wesenheiten geben können. Der Mensch trägt in seinem Wesen bestimmte geistige Schlüssel und kreative Potentiale, durch die sich neue Perspektiven für die Evolution der Erde und ihrer Lebensreiche öffnen und Wege zu ihrer Verwirklichung erbaut werden können.

Die Einwirkung der gegenwärtigen Zivilisation auf unseren Planet erleben wir so tragisch, weil wir nicht nur seine Lebensreiche zerstören, sondern auch seine Wege der Weiterentwicklung blockieren. Dieses Letztere erlaubt uns zu denken, dass das breitere Bewusstsein des Universums – um es in einer neutralen Weise auszudrücken – nicht zulassen kann, dass die Misshandlung unseres blauen Planeten unbegrenzt fortgesetzt wird. Zur Zeit werden aus der Breite des Universums seitens der geistigen Welt der Erde und aus dem Herzen Gaias starke Wandlungsprozesse initiiert, die angefangen haben, uns und unsere stark begrenzte Daseinsebene durchzuschütteln und gleichzeitig mit neuen Inspirationen zu durchfluten.

Wir, die Einzelmenschen, sollten aber keineswegs darauf warten, dass die Kreisläufe und Gleichgewichte seitens des Universums neu hergestellt werden. Dies ist gar nicht möglich, wenn es nicht Menschen gibt, die so etwas in ihrem Leben und im Rahmen ihres Bewusstseins tun. Hoffnung bringt die Synergie zwischen den Inspirationen des Universums und der selbständigen Handlung vieler Einzelmenschen.

Einverstanden. Ohne die Hilfe der geistigen Welt oder des breiteren universellen Bewusstseins, wie du sagst, gäbe es kaum Hoffnung, dass sich die tragische Lage, in der sich unsere Zivilisation befindet, grund-

sätzlich ändern könnte. Der Teufelskreis, in dem das System nur durch individuelle Menschen mit einer neuen Art zu denken, zu fühlen und zu handeln geändert werden kann, in dem aber das System gleichzeitig verhindert, dass Menschen anders denken, fühlen und handeln können, wäre sonst geschlossen.

Wenn du sagst, Marko, wir müssen als erstes danach fragen, was wir (der Erde) geben können, dann ist dies meiner Meinung nach eine Grundregel, die auch für die menschliche Ökonomie gilt. Es ist eben die entscheidende Frage, ob wir glauben, dass für alle bestens gesorgt ist, wenn sich jeder um seinen Eigennutz kümmert, oder ob wir bereit sind zu erkennen, dass für alle am besten gesorgt ist, wenn sich jeder um andere kümmert, sich also die Frage stellt, was die anderen brauchen, und nicht, was er selbst braucht und wie er das von den anderen und durch die anderen bekommen kann. Für die Wirtschaft steckt darin die Überwindung des Konkurrenzprinzips mit allen Konsequenzen, die dies mit sich bringt. Und da das Konkurrenzprinzip durch Gesetze, also durch Gewalt aufrecht erhalten wird, müsste sich im ersten Schritt die Legislative ändern, damit nicht der gegenseitige Kampf, nicht das Gegeneinander, sondern das Füreinander Raum bekäme und damit das Potential der Nächstenliebe entbunden würde. Dieses allgemeine Prinzip gilt sowohl für die menschliche Gesellschaft als auch für die große Gesellschaft aller Wesen auf der Erde. Ökonomie und Politik müssten sich, so meine ich, in diesem Sinne ändern.

Im siebten Punkt deines Manifests, der der Kunst der Geomantie gewidmet ist, beschäftigst du dich mit der Frage der Politik und der Gesetzgebung. Es geht darin vor allem um den Schutz der vital-energetischen Strukturen der Erde durch politische Maßnahmen. Kannst du hier deine Vorstellung etwas näher beschreiben, Marko?

Ach, lieber Radomil, wir sind leider noch weit davon entfernt, von irgendwelchen politischen Maßnahmen im Sinne der Geomantie sprechen zu können. Zuerst müsste das Monopol der Wissenschaft in all den verschiedenen Gebieten des Lebens, dem durch politische Eliten weltweit Macht gegeben wird, in Frage gestellt werden. Wenn es um politische Entscheidungen geht und um Geldinvestitionen, so werden wissenschaftliche Kriterien eingesetzt, aufgrund derer man unsere

Bemühungen im Sinne der Gaiakultur ganz leicht vom Tisch fegen kann. Die Verengung auf exklusiv rationalistische Grundsätze kann, um die eigenen Ausgangspunkte nicht zu negieren, durch gaiakulturelle Projekte nicht akzeptiert werden. Ich habe einige Versuche gestartet, gewisse Plätze vor der Zerstörung zu schützen, in der Zeit, als in Slowenien Autobahnen gebaut wurden. Außer in einem Fall, als mein Vorschlag durch die wissenschaftlich fundierte Ökologie durchgesetzt wurde, hatte ich keinen Erfolg.

Um da weiterzukommen, müsste als erstes die Kategorie der Erfahrungswissenschaften eine gesellschaftlich-politische Anerkennung finden. Bei dieser Art der Wissensbereiche geht es – wie im Fall der Geomantie – nicht um messbare Daten, sondern um das Kriterium der unmittelbaren Erfahrung als Grundlage eines Wissensgebäudes, das im Zwischenbereich zwischen subjektiv und objektiv aufgebaut wird. Auf diese Weise versuchen wir, in den letzten Dekaden das Wissen (bzw. die Kunst) der Geomantie neu zu entwickeln.

Wenn eine relative Anerkennung so gelingt, dann könnte man verlangen, dass bei den städtebaulichen Entwicklungen oder bei gewissen Baumaßnahmen die Ergebnisse der geomantischen Forschung am Ort berücksichtigt werden. Dadurch wäre es möglich, solche Orte zu schützen, die als Atmungsorgane der Landschaft oder als sakrale Orte der Erde von besonderer Bedeutung für die Qualität des Lebens und für die Gesundheit des Planeten sind.

In der jetzigen Lage können wir nur weiter die Ergebnisse unserer geomantischen Forschungen publizieren, können weiter am Ausbau des Weltbildes und der Theorie der Geomantie arbeiten, Geopunkturkreise bauen, die Grundlagen der Gaiakultur popularisieren und so weiter. Besonders erfreulich ist es, dass es doch Einzelpersonen und seltene Institutionen gibt, die der Geomantie und der Gaiakultur gut gesonnen und bereit sind, geomantische Projekte zu fördern und zu finanzieren.

Ich persönlich versuche, die Erfahrung der Gaiakultur durch Kunst an die breitere Öffentlichkeit zu tragen. Menschen fühlen sich angesichts eines Kunstwerkes freier, die Mehrdimensionalität des Raums zu betreten, als in Bereichen, die durch das Verstandesdenken kontrolliert sind.

Der verhängnisvolle Rationalismus und Reduktionismus in der Wissenschaft und Pragmatismus und Habgier in der Politik lassen sich wirklich nur schwer besiegen. Zuerst müssten der Egoismus und die Beschränkung auf das kühle Kopfdenken durch die bereits besprochene Kultur des Herzens überwunden werden. Beim aktuellen Stand der Politik ist es tatsächlich kaum vorstellbar, dass bei der Planung von Verkehrsnetzen, Industriezonen, Stauseen und so weiter geomantische Gesichtspunkte berücksichtigt werden, obwohl sie für alle lebenswichtig sind. Doch wir wollen von der Gesellschaft und von der Politik der Zukunft sprechen, die diese Gesichtspunkte beachten wollen wird, gerade deswegen, weil sie erkennt, dass sie für alle lebensnotwendig sind. Der Weg dazu mag noch lang sein, doch früher oder später müssen wir es so weit schaffen, wenn wir nicht wollen, dass die Erde sich ohne uns weiterentwickelt. Damit wir aus der Sackgasse überhaupt wieder herauskommen können, ist es wichtig, sich jetzt schon über diese Möglichkeiten Gedanken zu machen.

Die Kunst, so wie du sie pflegst, Marko, scheint mir gut dazu geeignet zu sein, die Menschen zu ändern, sie zu bewegen, denn sie spricht sie über ihr Herz und weniger über ihren Kopf an – und das ist ein Weg, der auch zu den (richtigen) Taten führen kann. Wenn Menschen durch die Kunst – zum Beispiel durch die als Kunst aufgefasste Geomantie – erleben, dass es andere Dimensionen als nur die stoffliche gibt, können sie diese Erlebnisse auch in ihr Denken und Vorstellen, also in ihr Weltbild integrieren; oder anders: Sie müssen dies sogar, wenn sie nicht schizophren werden wollen.

Wichtig scheint mir auch die Ausbildung, der du dich so intensiv widmest. Es wäre gut, wenn Menschen, die für Landschaftsplanung und Städtebau verantwortlich sind, sich nicht nur der Erkenntnisse und Erlebnisse der Geomanten bedienen würden, sondern selbst darin geschult oder wenigstens davon berührt wären – ich meine berührt von diesen anderen Dimensionen, also sozusagen von Engeln und Elementarwesen geküsst… Meine Vorstellung ist, dass zum Beispiel der Städtebau in erster Linie nicht durch egoistische profitorientierte Interessen, sondern durch das Interesse daran bestimmt sein sollte, dass alle beteiligten Wesen davon profitieren können – dass so geplant und gebaut wird, dass es für alle förderlich ist. Auf die Frage, wie das zu erreichen ist, finden wir, glaube ich, immer die gleichen Antworten: Das Bewusstsein der Menschen muss sich wandeln und erweitern, der Egoismus muss überwunden werden, die Menschen, das heißt wir müssen im Herzen angesprochen oder auch erschüttert werden und erwachen. Wir müssen uns vom selbstsüchtigen zum mitfühlenden Wesen entwickeln.

Ich glaube, lieber Marko, dass es gut wäre, wenn du zum Abschluss dieses Kapitels noch ein Fallbeispiel dazu bringen könntest – eines von Tausenden – welche Probleme ein egoistisch aufgefasster Städtebau mit sich bringt. Was meinst du?

Als Fallbeispiel könnte ich einiges zu der neu ausgebauten Hauptstadt von Brasilien erzählen. Aber gerade dort habe ich erkannt, dass das Bild gar nicht so schwarz-weiß polarisiert ist. Damit möchte ich nicht behaupten, dass es nicht ganze Landschaften gibt, die als Industriezonen oder moderne Wohnviertel in ihrem Wesen zerstört worden sind. Das Beispiel von Brasilia lässt uns jedoch wissen, dass die äußere Erscheinung oft täuscht.

Vor mehr als einem Jahrzehnt wurde ich nach Brasilia eingeladen, weil einige sensible Brasilianer entsetzt darüber waren, auf welche Art und Weise diese Stadt in einem zuvor völlig unbewohnten Naturbereich entstanden war. Der Architekt Oscar Niemeyer hatte das rationalistisch organisierte Bild eines riesigen Flugzeugs über die Landschaft gelegt. Ganz vorne, wo beim Flugzeug das Cockpit ist, steht der Präsidentenpalast. Von da aus läuft eine schnurgerade Achse durch die ganze Stadt hindurch, an der die verschiedenen Ministerien und andere Funktionseinheiten des Staates aneinandergereiht sind. Die Wohnviertel befinden sich im Bereich der beiden Flügel des »Flugzeugs«.

Man muss dazu wissen, dass der damalige Präsident von Brasilien, Juscelino Kubitschek, sich entschlossen hatte, die Hauptstadt dort zu bauen, nachdem er die Vision eines italienischen Heiligen, Don Bosco, wahrnahm, bei der er mitten in Brasilien eine Lichtstadt gesehen hatte. Den Ort hatte man an einer Palmen-Art erkannt, die im Bereich von Brasilien gar nicht wächst, von Don Bosco jedoch (innerlich) gesehen worden war. Die Palme steht als ihr Nabel noch immer in der Mitte der erwähnten Stadtachse, in geomantischer Sprache »Omphalos« genannt.

Ich hatte einige Male mit interessierten Brasilianern geomantische Werkstätten in Brasilia durchgeführt, um zu versuchen, diesen sakralen Ort mit der fremden Stadtstruktur in Einklang zu bringen. Vor drei Jahren, als ich dort zuletzt wirkte, musste ich zu meiner Überraschung feststellen, dass entlang der unbeliebten geraden Achse inzwischen alle Urbilder und geomantischen Phänomene angesiedelt wurden, die für Brasilien als Ganzes von Bedeutung sind. Ich konnte sie klar lokalisieren und sogar Parallelen mit den sich dort befindenden architektonischen Werken von Niemeyer finden. Sie wurden ganz sicher nicht von Menschen installiert, da das Wissen darüber unserer Kultur seit geraumer Zeit verlorengegangen ist.

Unter diesen Umständen musste ich zugeben, dass Gaia und ihr geistiges Potential, fokussiert in Brasilien, die vorgegebene rationalistisch organisierte Struktur der Hauptstadt inzwischen wahrgenommen und als solche akzeptiert hatten. Die Urbilder und die urbildlichen Kräfte, die für die geistig-seelische Entwicklung Brasiliens von grundlegender Bedeutung sind, wurden dort neu entwickelt und an entsprechenden Orten verankert. Gaia hat sich als Gesamtbewusstsein des Planeten als ein flexibles und schöpferisch waches Agens der Lebensentwicklung auf Erden gezeigt. Sie ist offensichtlich bereit, einen kreativen Dialog mit uns Menschen zu führen. Ich glaube jedoch, dass dies alles nicht möglich gewesen wäre, wenn nicht einige bewusst dabei mitgearbeitet hätten.

Das Beispiel der Stadt Brasilia zeigt und deutet mehrere Phänomene an: erstens, dass wir Menschen uns in einem steten Zwiegespräch mit der Landschaft, mit Gaia befinden, auch wenn wir uns dessen oft nicht bewusst sind. Wir können davon ausgehen, dass das Bewusstsein der Erde weiß, wenn wir Städtebau planen, und dass es versucht, uns die richtigen Eingebungen zu geben. Meine Erfahrung ist, dass dies vor allem bei Künstlern gelingen kann, denn die Kunstwerke in den Städten, die Brunnen, Statuen, Denkmäler und so weiter, sind oft sehr einfühlsam plaziert und gestaltet.

Zweitens, dass Gaia versucht, unsere baulichen Werke, wenn sie schon fertig sind, in ihren Leib zu integrieren, sie zu beleben und auf der feinstofflichen Ebene zu strukturieren.

Doch wir sind uns wahrscheinlich einig, dass die Menschen diesen Dialog im Idealfall bewusst und gekonnt mit der Erde führen. Dies wäre eine echte Zusammenarbeit. Wenn die Menschen wüssten, dass sie es beim Städtebau, bei der Landschaftsplanung und so weiter mit einem bewussten Wesen zu tun haben – und natürlich auch, dass sie selbst nicht Stoff, der irgendwie sein Bewusstsein aussondert, sondern Geist und Seele sind – könnten sie Inspirationen viel besser empfangen. Und wenn sie wüssten, wie die feinstofflichen Ebenen geordnet sind, und vor allem, wenn sie geübt darin wären, in Resonanz mit diesen Ebenen zu treten, könnten sie ihre Werke, ihre Bauten lebendig und lebensfördernd gestalten.

Was deutlich ist: Die Logik des menschlichen Verstandes ist anders, ist grundverschieden von der Logik Gaias; und wenn Menschen eine Stadt oder einen Stadtteil ganz rational planen und bauen, muss es für Gaia äußerst schwierig sein, sich darin zurechtzufinden. Man kann nur Bewunderung und Dankbarkeit empfinden, dass sie das so ohne Bitterkeit tut.

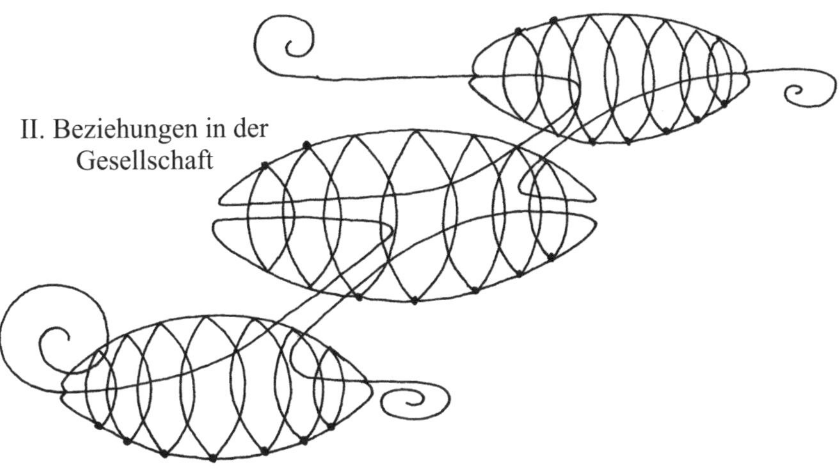

Das Konzept der Gaiakultur

Der Mensch ist ein kosmisches Wesen der Liebe

•

Persönliche Ebene

I. Die innere Entwicklung des Einzelnen

In diesem Kapitel möchten wir über deinen Entwurf der zukünftigen Mensch-Gaia-Zivilisation sprechen, den du 2007 in deinem Buch Liebeserklärung an die Erde *vorgestellt hast. Du schreibst dort: »Man spürt im Äther die Aufforderung an uns Menschen, einen klaren Pfad der Weiterentwicklung zu imaginieren und als eine Hoffnung im Herzen zu tragen.« Das sind für mich die Schlüsselworte: Tausendmal können die Leute sagen, wir Menschen seien nicht gut genug, um solche »Utopien« verwirklichen zu können, doch dies ist nur deswegen wahr, weil wir uns das immer und immer wieder einreden. – Übrigens, gerade heute habe ich einen Brief bekommen, in dem mir eine Frau schreibt: »Ihr Buch (gemeint ist mein letztes Buchgespräch, geführt mit Táňa Fischerová) gefällt mir, die Überlegungen und Meinungen sind edel, doch lassen sie sich nicht verwirklichen. Warum? Das menschliche Denken und die menschliche Natur neigen eher zum Schlechteren.« Und so weiter. Aber diese weitverbreitete Meinung ist eben die Konsequenz oder die Schlussfolgerung einer anderen Meinung, nämlich der, dass wir Menschen nur durch den Kampf ums Überleben entstanden seien und dass auch unser Gemeinwohl nur durch den Kampf gegeneinander, also durch das Ausleben des eigenen Egoismus zu erreichen sei. Dass wir im Grunde genommen nur höhere, klügere Tiere seien und diese, unsere tierische Natur doch letztendlich immer siegen werde. Dies ist eigentlich dasselbe wie zu meinen, unser Universum bewege sich unaufhaltsam zum Chaos und zum Wärmetod hin.*

Statt dessen wollen wir einen klaren Pfad der Weiterentwicklung imaginieren und diese Imagination dann als Hoffnung in unseren Herzen tragen.

Möchtest du, lieber Marko, deinen Entwurf zuerst mit einigen Worten einleiten?

Der Satz über die Beziehung zwischen der Imagination und der zukünftigen Entwicklung unseres irdischen Universums, den du gerade aufgeschrieben hast, ist für mich von grundlegender Bedeutung. Übersetzt in eine logische Aussage, sagst du, dass die Wirklichkeit unseres persönlichen und gemeinschaftlichen Lebens (mindestens) zwei verschiedene Ebenen beinhaltet, beziehungsweise auf zwei unterschiedlichen Ebenen gleichzeitig abgewickelt wird.

Auf der einen Ebene, die wir als unsere alltägliche Realität kennen, reihen sich einzelne Ereignisse aneinander; wir wachen und schlafen, wir arbeiten und wir spielen unsere gesellschaftlichen Rollen. Parallel dazu gibt es die sogenannte kausale Ebene. Da sind auf eine unsichtbare Weise all jene Ursachen angesiedelt, die in der alltäglichen Wirklichkeit sichtbar und greifbar als unsere Erfahrungen auftauchen. Lass uns diese Ebene »Folgeebene« nennen.

Ist man gerade dabei, eine Revolution in Gang zu bringen, so sollte man bedenken, dass die Umwälzungen, die auf der Folgeebene sogar extrem dramatisch erscheinen, keine dauerhaften Veränderungen hervorbringen können. Die Ursachen der Probleme, wegen derer man die Revolution entfacht hat, sind nämlich dieselben geblieben, und deswegen werden früher oder später dieselben Folgen wieder auftauchen. Das haben wir beide in unseren ehemaligen sozialistischen Ländern erlebt. Der Wille nach Gerechtigkeit, der aus dem *Kommunistischen Manifest* strahlt, wurde letztendlich in eine extrem ungerechte Gesellschaft umgestülpt, mit einer starken herrschenden Elite einerseits und einer Menge an manipulierten Menschen andererseits.

Um wahre Veränderungen in der alltäglichen Wirklichkeit zu verankern, muss man als Einzelmensch oder auch als Teil einer Gruppe die eigene Denkweise wandeln, sich bestimmten Idealen widmen und die Vision, die man als wahrhaftig empfindet, nach den gegebenen Möglichkeiten in die Praxis umsetzen, davon bin ich überzeugt. Auf der kausalen Ebene wandeln sich dadurch die alten Urbilder und werden stufenweise erneuert. Das Tor ist jetzt offen, damit neue Lebensumstände sich manifestieren können.

Vor diesem Hintergrund ist zu verstehen, warum gewisse Kunstwerke oder visionäre Taten so tiefe Veränderungen verursachen können, obwohl sie in relativer Stille und ohne viel Aufregung durch die Welt getragen werden.

Die Tatsache, die du beschreibst, Marko, also die Tatsache einer Ursache- und einer Folgeebene, erinnert mich an ein Bild, das in mir schon seit Jahren lebt, ohne dass ich jetzt sagen kann, ob ich es irgendwo gelesen, gehört oder es einfach aus dem Äther empfangen habe: Es ist, als würden wir auf der Oberfläche einer Kugel leben, in deren Inneren sich Vorgänge abspielen, die wir nicht sehen können. Diese Vorgänge verursachen hie und da auf der Oberfläche gewisse Erscheinungen, doch wir glauben, es gäbe nur die Erscheinungen an der Oberfläche und in der Kugel nichts. Wir suchen kausale Beziehungen zwischen den Erscheinungen, ohne davon eine Ahnung zu haben, dass die wahren Ursachen in der Kugel, im für uns Unsichtbaren liegen. Somit ist klar, dass wir die richtigen Ursachen nie finden und auch an die Erscheinungen nie herankommen können, einfach weil wir nicht an die Ursachen herankommen.

Doch das Bild wird erst dann vollständig, wenn wir hinzufügen, dass wir an diesen Ursachen durch unser Bewusstsein, einschließlich der unbewussten Teile unseres Bewusstseins, mitarbeiten. Anders gesagt,

Die kreative Distanz des Menschen zu seinen geistigen Eltern

das, was in uns als Weltbild lebt, prägt sich der Ursachenwelt ein und bestimmt auch die Welt der Erscheinungen mit. Wenn wir schlechte und falsche Muster einprägen, zum Beispiel, dass der Mensch an sich ein Bösewicht sei, dann wird es auch so. Und anders herum: Wenn wir den Gedanken aufleben lassen, dass der Mensch an sich ein göttliches Wesen ist und das Potential hat, eine gerechte Gesellschaft und Zivilisation zu bilden, wird es immer leichter, dies auch zu verwirklichen. Denn, wie es die alten Meister immer sagten: Die Gedanken sind wirksame Kräfte.

Dein Bild einer zukünftigen Zivilisation besteht aus drei Gliedern: I. dem einzelnen Menschen, II. der menschlichen Gesellschaft und III. der planetarischen Zivilisation. Schauen wir uns zunächst die Ebene des einzelnen Menschen an. Mit dieser Ebene haben wir uns schon etwas beschäftigt. Sie beruht auf der inneren Entwicklung jedes einzelnen Menschen, wobei du sieben Punkte als die wichtigsten nennst. Von der Erneuerung der eigenen Sensibilität haben wir bereits gesprochen, und dies ist etwas, worauf, wie ich meine, die gesamte Geomantie gründet. Als zweites geht es darum, die Logik des Verstandes mit einzubeziehen. Ist aber die überentwickelte Verstandeslogik heutzutage nicht eher unsere Krankheit, unsere Hypertrophie?

Genau darum geht es! Wir haben während der letzten Jahrtausende unserer Entwicklung die Pandorabüchse unseres Verstandes geöffnet. Die Folgen sind verheerend: Kriege, Völkermord, Umweltzerstörung, Herrschaft der Mächtigen, Egozentrismus und so weiter. Da hast du vollkommen recht.

Andererseits haben wir durch die Kapazität des Verstandes die Fähigkeit geschenkt bekommen, einen selbständigen geistigen Weg gehen zu können, unabhängig von der Führung der Götter, der Elementarwesen oder der Engel. Die autonomen Gesetzmäßigkeiten der Logik ermöglichen uns, eine gewisse Distanz zu unseren geistigen »Eltern« einzunehmen und dadurch neue Horizonte der Wirklichkeit zu entdecken, zu erforschen und darin kreativ zu werden. Dies ist doch etwas Wunderbares, was während der erwähnten mit Blut und Schmerz befleckten Jahrtausende immer wieder aufleuchtet!

Nun geht es im Rahmen der Vision der Gaiakultur darum, diese zwiespältige Rolle des Verstandes zu überwinden und die Entfaltung der lebensfördernden Aspekte des Verstandes in das Gesamtbewusstsein – die Noosphäre – des Menschen einzugliedern. Ist sie durch die Kraft des Herzens, sprich durch die innere Feinfühligkeit der Intuition, ausbalanciert, so kann die Logik des Verstandes zu einem wunderbaren Werkzeug werden, durch das die Weiterentwicklung des irdischen Kosmos ermöglicht wird.

Es ist wohl nicht mehr möglich, die Fähigkeiten des Verstandes zu verwerfen, nachdem wir die wunderbaren Gaben der geistigen Freiheit erlebt haben, die uns ohne die Kunst der logischen Distanzierung, die der Verstand ermöglicht, nicht zugänglich wären. Schau dir doch unser Gespräch an: Wir beide drücken uns durch die Logik des Verstandes aus. Auf diese Weise erscheint unser Werk als autonomes »Objekt« vor dem Auge des Lesers oder der Leserin. Sie sind dadurch frei, ihre eigenen Meinungen zum besprochenen Thema zu entwickeln und nur das, was ihnen im Moment nützlich ist, in ihr Weltbild einzubauen. Alles andere können sie ignorieren. Sie sind nicht gezwungen, unsere Aussagen als eine Offenbarung zu schlucken, was hieße, dass sie sich aufgefordert fühlten, daran glauben zu *müssen*.

Leider funktionieren die klassischen Religionen noch immer nach einem solchen vor-logischen Muster, obwohl sie die Sprache der Logik nutzen, um die Offenbarungen zu kommunizieren und zu kontrollieren, ob ihre Gläubigen sich daran halten oder nicht. Diese Art von Dualismus (Zwiespältigkeit) soll durch die Einbeziehung der Logik des Verstandes in das ganzheitliche Denkmodell überwunden werden.

Ich verstehe. Es ist eine Frage, die wir in unserem Gespräch bereits berührt haben. Doch diese Frage kann und muss man immer wieder berühren, um sich ganz langsam heranzutasten.

Das Lesen an sich ist eine äußerst intellektuelle, auf Abstraktion beruhende Tätigkeit, die erst auf einer bestimmten Stufe der Bewusstseinsentwicklung möglich wurde, als der objektiv denkende Verstand Oberhand gewann. Der Mensch musste sich zuerst aus dem Ganzen ausgliedern, um die Fähigkeit zu bekommen, sich zu distanzieren und damit sein Gegenüber als Objekt erleben zu können. Vorher gab es für ihn eigentlich kein Gegenüber, es gab nur das Einssein. Im heutigen Verstandesdenken erlebt er sich getrennt von der übrigen Welt, eben auf Distanz, auf Abstand. Seine Gestik ist dabei die der Abneigung und sehr oft auch mit Ablehnung oder Negation verbunden.

Man hat durch diesen Prozess, wie du sagst, Freiheit gewonnen, doch der Prozess schreitet weiter voran und führt die Menschen immer mehr und mehr in eine Isolation. Das Getrenntsein von der Welt wird immer extremer, und es ist eine Kluft, ein Abgrund zwischen mir als Subjekt und der Welt als Objekt entstanden. Daher kann man diese zwei Punkte aus deinem Konzept: die eigene Sensibilität erneuern, also die Welt als einen Teil von mir selbst wahrnehmen lernen, und die Logik des Verstandes einbeziehen, als Gegensätze empfinden. Und ich verstehe deine Aussage so, Marko, dass wir nun, nachdem wir die Fähigkeit des distanzierten Bewusstseins schon haben, im nächsten Schritt uns dahin entwickeln müssen, diese beiden Gegensätze zu vereinen.

Auf der einen Seite heißt das, jederzeit Abstand nehmen zu können, auf der anderen Seite aber auch, immer die Abneigung in Zuneigung, das Ablehnen in das An- und Aufnehmen umwandeln zu können. Unser Eigensein, das wir durch den erwähnten Prozess gewonnen haben, können wir nicht mehr verlieren, das heißt, es müsste uns auch die Fähigkeit oder die Möglichkeit des Lesens erhalten bleiben, doch wir müssen beide gegensätzliche Richtungen – in mich herein und aus mir hinaus – in einer höheren Einheit verbinden. In den von dir genutzten Begrifflichkeiten müsste dieses Bewusstsein – nach dem früheren vorlogischen und jetzigen logischen – das nach-logische Muster genannt werden. Eigentlich wäre dies – bildlich gesprochen – nach dem früheren Hören oder Lauschen und darin Verschmelzen und nach dem jetzigen Sprechen ohne Zuzuhören ein Zuhören und Sprechen zugleich, eine höhere Art von Stille…

Dein dritter Punkt auf der Ebene des individuellen Menschen heißt: »In Stille sein«. Möchtest du dazu etwas sagen und dies genauer auslegen?

»In Stille sein« heißt für mich als erstes, sich mit sich selbst und allen anderen zu versöhnen. Dies wiederum bedeutet in jeder Lebenslage, in der sich jemand befindet, den inneren Frieden zu bewahren.

Ich meine damit keine festgelegte Disziplin, an die man sich halten muss. Es geht eigentlich um die Kraft des Vertrauens. Man vertraut, dass alles, was das Leben an unsere Tür bringt, einen tieferen (positiven) Sinn hat, auch wenn man diesen im gegebenen Moment noch nicht durchschauen kann. Ich meine, es geht hier auch um die Tugend des Glaubens. Man glaubt an die göttliche Führung der Lebensströme, deren Ziel es immer ist, nicht nur für jeden Menschen, sondern auch für jede Lebenszelle in jedem Augenblick die beste Möglichkeit zu Wachstum und Entfaltung herbeizuführen.

Natürlich kann der freie Wille des Menschen trotzig dagegenwirken. Aber in diesem Fall wirkt die Matrix des Lebens so, dass er auf Grund der Folgen seiner Entscheidung früher oder später erkennen kann, was es bei ihm zu wandeln oder weiterzuentwickeln gilt.

Angst ist die Gegenkraft zu innerem Frieden. Man kann jedoch die Angst nicht bekämpfen, um innere Stille herzustellen. Um dieses Ziel zu erreichen, sollte ein anderer Weg gewählt werden. Gemeint ist der Weg der Wandlung der Schatten, die wir aus der Vergangenheit mitschleppen, oder der Weg der Verzeihung und der Versöhnung. Dadurch werden die Ursachen gelöscht, die sonst als Ankerpunkte für Angstgefühle dienen, und der Weg zum dauerhaften inneren Frieden ist geebnet.

Ich denke, dass der Glaube schon auch mit der Erneuerung der eigenen Sensibilität zusammenhängt: Wenn man durch die neu entwickelte oder erwachte Wahrnehmungsfähigkeit die Wirklichkeit der Welt der Ursachen, der geistigen Welt als Urquell aller Erscheinungen und auch jedes Sinns erfährt und erlebt, erwacht im Inneren ein fester Glaube an die Sinnhaftigkeit der Welt und des eigenen Schicksals. Dieser Glaube kann dann im Menschen die grundsätzliche Zufriedenheit und die Stille stiften, von der du sprichst, Marko.

Den nächsten, den vierten Punkt hast du »den Mitmenschen und dem Fluss des Lebens dienen« genannt. Dieser mittlere der sieben Punkte scheint voll nach außen gerichtet zu sein, nach einem Dienst, während die vorangegangenen wie eigentlich auch die nachfolgenden sich eher nach innen wenden. Was meinst du, Marko, eigentlich mit den Worten »dem Fluss des Lebens dienen«?

Man hat es hier mit einer Aussage zu tun, durch die ich versucht habe, zwei zerstörerische Eigenschaften des modernen Menschen außer Kraft zu setzen, den so genannten »Egozentrismus« und den von mir so etikettierten »Humanozentrismus«.

Es ist wohl klar, dass es bei der Überwindung des Egozentrismus darum geht zu schauen, dass man das Gute nicht nur für sich selbst herbeischafft, sondern es auch mit anderen Menschen teilt. Man versucht, die eigenen Kräfte und Taten so zu lenken, dass sie der Förderung der geistigen Entwicklung der Menschheit dienen, Mitmenschen in Not behilflich sind oder Mitmenschen Gelegenheiten bieten, dass sie ihre Kreativität entfalten können.

Ich habe jedoch die Worte, die du oben zitierst, Radomil, so gewählt, um klarzustellen, dass es nicht nur um den Dienst am Mitmenschen geht, sondern auch darum, dass für Wesenheiten und Welten jenseits der menschlichen Familie gesorgt sein sollte, die ebenfalls zum »Fluss des Lebens« gehören.

Die falsche Gedankenform, die unserer menschlichen Zivilisation zugrundeliegt, besagt, dass die humane (menschliche) Familie die ist, die für das Bestehen unserer Welt wichtig ist. Sie besagt, alles andere sei zweitrangig.

Es ist schon wahr, dass wir (teilweise) angefangen haben, im Sinne der Ökologie für das Überleben »unserer Umwelt« zu sorgen. Aber schon mit dem Begriff der »Umwelt« wird ausgesagt, dass der Mensch etwas Zentrales sei, dessen Zielen zu dienen sich lohnt. Alles andere Lebende und Nicht-Lebende der Vielfalt unseres Heimatplaneten gehöre nur als eine nützliche Umgebung zur unseren Existenz dazu. Was für ein Wahnsinn! Nicht nur, dass wir an dem Ast sägen, auf dem wir selbst sitzen, wir gefährden auch die Entwicklung eines bestimmten Aspektes des Universums, bei dem es darum geht, den Geist des Lebens durch die Materie zu verkörpern.

In der Theorie der Ökologie spricht man von zwei gegensätzlichen Auffassungen der Welt in der Beziehung zum Menschen. Das, was du Humanozentrismus nennst, wird dort Anthropozentrismus *genannt: der Mensch als das Wichtigste, der Mittelpunkt, und die »Umwelt« als das, was ihm dienlich zu sein hat. Die dem entgegengesetzte Auffassung wird* Ökozentrismus *genannt: Im Mittelpunkt der ökologischen Bemühungen steht die Natur selbst. Laut dieser Auffassung hat die Natur einen Eigenwert, der sich nicht danach richtet, ob und inwiefern sie dem Menschen dienen kann. Diese polaren Haltungen sind jedoch – obwohl es zunächst so scheint, als seien keine anderen Haltungen als diese zwei möglich – beide in ihrer Konsequenz zerstörerisch.*

Die erste, die von den meisten gelebt wird, besagt: Ich habe das Recht, alles, was ich brauche, zu nutzen und zu verbrauchen, denn ich bin einfach der Sieger im Evolutionskampf. Ich sollte nur schauen, dass ich mich und meine Zukunftsperspektiven dabei nicht kaputtmache. Ich schütze die Umwelt nur deshalb, weil ich damit mich selbst schütze. Die zweite hat die Konsequenz, dass der Mensch anfängt zu glauben, dass er als Mensch gar nicht anders kann, als die Umwelt nur zu zerstören, egal, was und wie er es tut. Das beste wäre, wenn es mich, den Menschen, nicht gäbe, und die Hoffnung für den übrigen Teil der Schöpfung besteht nur im Ende der menschlichen Zivilisation, im Aussterben des Menschen. Der Mensch hat nämlich in seiner Beschränktheit alle selbstregulierenden Mechanismen abgeschafft und ist das einzige Geschöpf, das dadurch sich selbst und alle anderen vernichten kann.

Und die logische Konsequenz ist dann: Der Mensch kann und darf alle anderen zu seinen Sklaven machen; oder aber, er verschwindet am besten und überlässt die Welt sich selbst. Wir fühlen jedoch deutlich und wissen, dass weder das eine noch das andere richtig ist. Es ist möglich, dass der Mensch in Frieden mit allen anderen lebt. Und auch, dass der Mensch eine Aufgabe hat; dass seine Existenz ihre Berechtigung und ihren Sinn hat. Diese gesunde Mitte zwischen den beiden polaren Haltungen ist für mich »der Fluss des Lebens«. Zu ihm gehört auch der Mensch, der fließt in ihm mit. Doch die Bezeichnung »Fluss des Lebens« ist so ungewöhnlich, dass es, glaube ich, ganz gut wäre, wenn du sie, Marko, noch etwas näher erläutern könntest.

Was ich als den Fluss des Lebens bezeichnet habe, verstehe ich als einen in drei Ebenen gegliederten Organismus. Die drei Schichten des Lebensflusses sind natürlich voneinander nicht getrennt, sondern sie fließen in einem ständigen Austausch untereinander durch Raum und Zeit.

Die obere Ebene ist eine Komposition aus den verschiedenen Evolutionen, die an der Entwicklung unseres Heimatplaneten teilnehmen. Es sind die Bereiche, die unmittelbar dem Herzen Gaias entspringen, wie die der Pflanzen, der Elementarwesen und der Landschaft im allgemeinen. Zu den parallel verlaufenden Evolutionen gehört noch die Welt der Tiere, die kosmischen Ursprungs ist, sowie die kosmische Welt der Engel und die geistige Welt unserer Vorfahren und Nachkommen. Wir werden über diese Welten wohl noch sprechen, wenn wir das dritte Kapitel meines Schemas zum Erdkosmos betrachten. Sozusagen dahinter gibt es eine Schicht des Lebensflusses, die die Ebene der Urbilder und der Urmuster ist, durch die die einzelnen Stränge des Flusses gelenkt und inspiriert werden. Das ist die Welt der »Urmütter und Urväter« des Lebens. Diese Schicht verläuft als Schwingungsmuster tief im Hintergrund des Lebens und ist für die sinnliche Betrachtung nicht wahrnehmbar. Gewöhnlich wird sie als »kausale Ebene« bezeichnet, weil darin die Ursachen kodiert sind, an denen sich alle Aspekte des Lebensflusses orientieren. Es geht also um die so genannte Matrix des Lebens, die man zum Beispiel in der mythischen Sprache mit dem Heiligen Gral symbolisiert hat.

Die mittlere, die äußerste Schicht des Lebensflusses ist wiederum teilweise in der Materie, teilweise im ätherischen Bereich manifestiert. Es geht einerseits um die materialisierten Lebensformen der Erde wie die der Tiere, der Landschaften, Ozeane, Mineralien, Pflanzen und Menschen, andererseits um zwei feinstoffliche Sphären, die die materialisierte Welt durchdringen. Hier haben wir zum ersten die Sphäre der Lebenskraft (Bio-Energie-Sphäre) und zum zweiten die Sphäre des elementaren Bewusstseins der Erde, die sogenannte »Noosphäre«. (»Noos« steht im Griechischen für das Denken, das Bewusstsein.)

Es ist wohl ein Geschenk, dass wir Menschen an einem solch reich gegliederten Fluss des Lebens Teil haben dürfen!

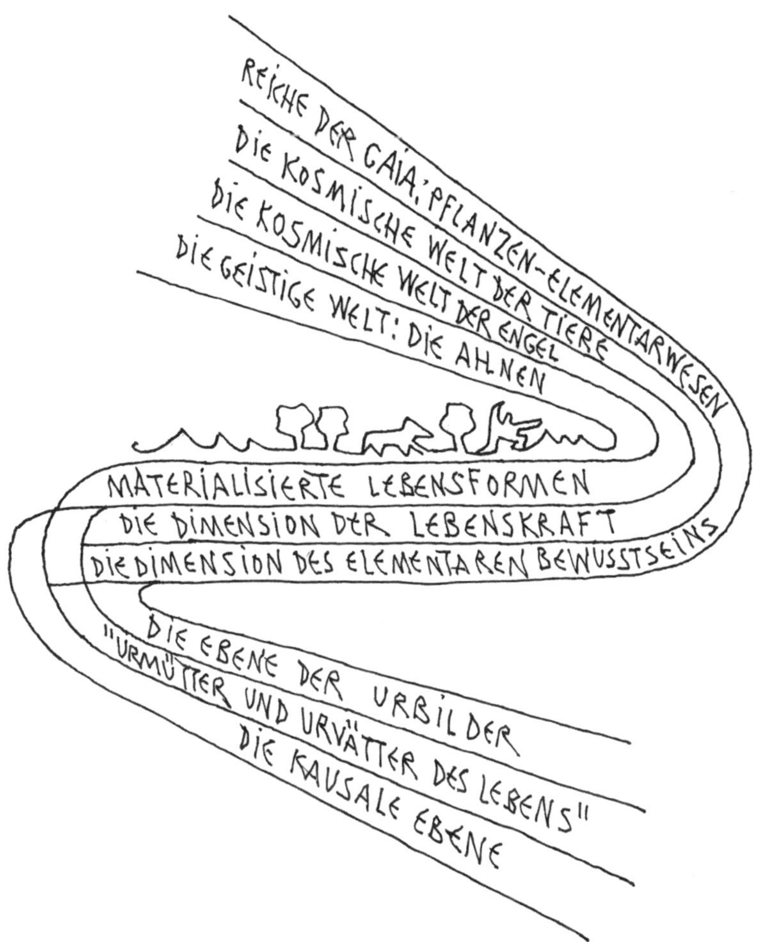

Die drei Schichten des Lebensstromes

Es wäre gut, wenn du dies vielleicht zusätzlich an einem Schema deutlich machen könntest, Marko.

Wir kommen zum fünften Punkt: »Auf die Stimme der Seele hören.« Heißt dies, der inneren Stimme, oder anders genannt, der Stimme des höheren Ich zu lauschen? Oder was genau verstehst Du hier unter »Seele«?

Mit dem Begriff der Seele (der sogenannten »Geistseele«) meine ich jenen Aspekt des Wesens Mensch, der zwischen dem geistigen Ich (dem »höheren Ich«) und dem Ego (dem persönlichen Ich) vermittelt.

Also haben wir einerseits das persönliche Ich, »Ego« genannt, das innerhalb der verkörperten Welt und innerhalb der räumlich-zeitlichen Struktur funktioniert. Andererseits gibt es unser geistiges Ich, das kosmischer Natur ist und in der Ewigkeit existiert. Seine Entwicklung ist nur teilweise mit dem Lebenszyklus auf Erden verbunden. Sein Entwicklungsfeld reicht viel weiter, auch über die vergangenen oder zukünftigen Entfaltungszyklen des gegebenen Menschen in anderen Sternensystemen hinaus.

Die Seele vermittelt zwischen den beiden Extremen, die so lange fast keine Verbindung zueinander kennen, bis der Mensch sich bewusst auf den geistigen Weg begibt und nach der Verbindung mit seiner kosmischen Identität sucht.

Die Seele repräsentiert die Gegenwart des Menschen im Rahmen der Evolution, die wir im irdischen Kosmos vollbringen. Sie existiert jenseits von Raum und Zeit. Das heißt, sie ist als materialisierter Mensch eine bestimmte Zeit verkörpert und in einem feinstofflichen Körper eine Periode hindurch in der parallelen, sogenannten geistigen Welt anwesend.

Wichtig zu wissen ist, dass die geistig-seelische Ebene im Menschen anwesend ist, auch wenn wir durch die verkörperte Welt wandern. In diesem Sinne sind wir zwei in einem. Die Seele ist als das innere Ich dafür verantwortlich, dass das Ego, das äußere Ich, andauernd Informationen über die Matrix oder das Urmuster des Lebens des jeweiligen Menschen bekommt. Sie versucht dafür zu sorgen, dass der Mensch im Leben das lernt und erfährt, wofür er sich verkörpert hat. Dem entgegen trägt das Ego die Verantwortung, dass die Anweisungen und Inspirationen der Seele auf eine kreative Weise in das Leben des Menschen eingeflochten werden.

Wenn die Stimme der Seele nicht gehört wird, besteht die Gefahr, dass das Leben egozentrisch geführt wird, mit allen ungünstigen Konsequenzen, die dies für den betreffenden Menschen und für die anderen Wesenheiten seiner Umwelt hat.

Die Seele versucht, inspiriert durch ihr Geistselbst, die Persönlichkeit des Menschen anzusprechen.

Der sechste Punkt heißt: »Den Zyklen der Wandlung folgen.« Über die Wandlung haben wir schon mehrere Male gesprochen. Wir haben die große Dreiheit des Weiblich-Göttlichen erwähnt: Ganzheit – Lebensfülle – Wandlung, also von der Quelle zur Entfaltung und zum Untergehen. Letzteres stellt aber gleichzeitig einen Neubeginn dar. Ich verstehe diesen Punkt so, dass wir als Menschen es akzeptieren sollten, dass Dinge und Prozesse ihr Ende haben und wir nicht daran festhalten und sie zu konservieren versuchen sollten. Es geht also darum, den Tod nicht mehr zu leugnen und ihn in unsere Kultur zu integrieren. Ist dies damit gemeint?

Ja und nein! Mit dem Befolgen der Wandlungszyklen denke ich nicht nur an die Wandlung im Sinne von Tod, Regeneration und Neubeginn. Ich meine auch, dass man lernen sollte, das zyklische Prinzip in all seinen Aspekten parallel zu leben – eben jeden im richtigen Augenblick, auch in einer dauerhaften Dynamik untereinander.

Es kommen im Leben immer wieder Momente der Inspiration, die man nicht verschlafen sollte. Es kommen Perioden, in denen der Mensch meint, keine sinnvolle Aufgabe zu haben, und sein Leben scheint dahinzuschwinden. In solchen Momenten sollte man bewusst eine Form der persönlichen Kreativität entwickeln und pflegen. Damit wird die Qualität der Lebensfülle in unserem Alltag aktiv.

Letztendlich geht es darum, das Leben als einen schöpferischen Prozess zu leben und zu gestalten. Jede noch so unangenehme oder erschütternde Situation, davon bin ich überzeugt, taucht in unserem Leben als eine Gelegenheit auf, etwas Neues zu entdecken, etwas loszulassen oder um etwas Bestimmtes zu verändern. Sie sollte willkommen geheißen werden – obwohl uns das oft recht schwerfällt.

Ob wir es vermögen, auch die schwierigen Situationen im Leben als etwas Positives, als eine Chance zu sehen, hängt bestimmt auch davon ab, inwiefern wir die Erkenntnis, dass unser Weg durchs Leben mit großer Weisheit geführt wird, in unser Wesen integriert haben – dies ist eben wieder die Frage des Sinns und inwiefern wir imstande sind, die Sinnhaftigkeit unseres Lebensweges zu erleben.

Bevor wir zur zweiten Ebene deines Konzepts übergehen, Marko, bleibt uns auf der persönlichen Ebene noch der siebte und meiner Meinung nach auch schwierigste Punkt: »Die Kraft der Liebe verkörpern.« Es bieten sich hier zwei Fragen an: Wie könnte man die Kraft der Liebe charakterisieren, und: Wie kann man diese in seinem Leben verkörpern? Also: Was ist die Liebe und wie werde ich sie?

Es ist tatsächlich am schwierigsten, über die absolut wichtigsten Aspekte des Lebens zu sprechen. Die Liebe gehört zweifellos dazu.

Ich hatte gestern einen höchst eindrucksvollen Traum: Ich gehe mit einer Gruppe von Freunden durch die Landschaften der Erde. Es ist aber nicht die existierende Erde, da es keine Pflanzen, keine Tiere und auch keine Spuren menschlicher Tätigkeit in der Landschaft gibt. Es gibt nur breite luftige Landschaftsräume, stark kristallines Wasser und Erde. – Das Wasser quillt überall aus dem Erdinneren. Es ist ganz klar und durchspült alles. Am Ende des Traumes reicht es mir schon fast bis zu den Knien.

Als ich erwache, denke ich zuerst an die Sintflut. Aber es gab im Traum doch keine Verschmutzung des Wassers und kein Zeichen von

Die Liebe als Quelle aller Schöpfung

Tragik. Nun verstehe ich, dass es nicht um die Überflutung unserer Zivilisation geht, die dem kosmischen Plan entgleist ist. Es handelt sich statt dessen um den Selbstheilungsprozess der Erde, durch den eine neue und gesunde Lebensbasis auf unserem Heimatplanet geschaffen wird. Aber wo ist da das Leben selbst? Ich sah im Traum gar nichts davon!

Meine Überzeugung ist folgende: Ohne die Liebe gibt es kein Leben, das dieses Namens wert wäre.

Die Erde, als Bewusstsein gesehen, hat dem Menschen alle Umstände gesichert, durch die unser Leben auf diesem wundervollen Planeten möglich ist. Aber ohne unsere Liebesbeziehungen (nicht nur zwischenmenschlicher Art!) kann das Leben in und um uns herum nicht aufrechterhalten werden. Das Leben stirbt, und dies ist es, was gerade um uns herum geschieht. Oder, durch mein Traumbild betrachtet: Es kann keine Regeneration des Erdplaneten geben, ohne dass wir fähig sind, das Feuer der Liebe im Hier und Jetzt zu leben – obwohl dies seitens der Erde mit großer Kraft vorangetrieben wird.

Das meinte ich mit dem Begriff »die Liebe verkörpern«. Der Mensch ist ursprünglich ein kosmisches Wesen der Liebe. Unser Vermögen, die Liebe zu verkörpern, ist enorm. In meinem neuesten Schema zur Herzkonstellation des Menschen stelle ich 14 Kraftzentren oder Systeme dar, aus denen das Universum unseres Herzens zusammengesetzt ist. Die Kraft der Liebe zu verkörpern heißt, Wege zu finden, entlang derer die Liebespotentiale dieser Zentren und Systeme permanent in unsere Umwelt, sei sie menschlicher oder natürlicher Art, fließen könnten. Die zwischenmenschlichen Beziehungen sind dabei genauso wichtig wie die Beziehungen zu den kosmischen und irdischen Lebensreichen.

Es ist mir bewusst, dass diese Erklärung fast technisch ist und entsprechend mit der kosmisch-emotionalen Qualität der Liebe kaum etwas zu tun hat. Aber es ist eben so, dass der Mensch zunächst einiges verstehen muss, bevor er fähig ist, sein Herz zu öffnen und die Liebe fließen zu lassen.

Es ist, finde ich, außerordentlich schwierig, die Kraft der Liebe zu charakterisieren; sie ist ja etwas, das dem intellektuellen Verstand so fremd ist, dass er große Schwierigkeiten hat, sie zu erfassen. Wichtig ist vielleicht zu betonen, dass sie eine reale, in der Welt wirkende Kraft ist, also keine nur begriffliche Kategorie. Und ich bin überzeugt, dass es diese Kraft ist, die die Dinge in der Welt überhaupt erst entstehen lässt. Ohne die Kraft der Liebe gäbe es überhaupt nichts, weder Lebendiges noch Lebloses. Die Schöpfung ist ein Akt reiner Liebe, eine Liebestat. Und wenn ich von der weisheitsvollen Führung unseres Schicksals sprach, muss ich hinzufügen, dass diese Führung ebenso liebevoll oder liebend wie weise ist. Der Sinn, den ich in allem finden kann, ist immer von Liebe geprägt.

Ein Gedicht von Christian Morgenstern, in dem er genau über dieses Thema spricht, heißt »Licht ist Liebe«. Man könnte auch sagen, Liebe ist wie Licht, das ganz selbstlos Dinge erscheinen lässt, ohne selbst sichtbar zu sein oder sichtbar sein zu wollen. Das Gedicht endet mit der Formulierung eines fernen Zieles: dass auch die Erde einst Sonne werde – Sonne im Sinne der Verkörperung der Christuskraft, der reinen Liebeskraft. Damit wären wir schon bei der dritten Ebene, der planetarischen sozusagen, angelangt; doch wir wollen zuerst noch über die zweite, die menschlich-gesellschaftliche sprechen.

Mir scheint, dass wir als Gesellschaft nur weiterkommen, wenn wir uns darüber klar werden, dass die Liebe – und nicht der Egoismus und der Kampf ums Überleben – die treibende Kraft der Evolution war und ist und auch die treibende Kraft des gesellschaftlichen Geschehens werden muss, wenn dieses Geschehen uns nicht ins Verderben führen soll.

Den kreativen Frieden stiften

•

Gesellschaftliche Ebene

RELIGION ALS EIN PFAD ZUM UNIVERSELLEN VERBUNDENSEIN
WIRTSCHAFT ALS AUSTAUSCH VON KRAFT UND INFORMATION UNTER DEN MENSCHEN
NEGATIVEN KRÄFTE UND EMOTIONEN RECYCELN
ERZIEHEN UM ERZOGEN ZU WERDEN
POLITIK DES REINEN HERZENS/ PANDEMOKRATIE
KREATIVER FRIEDEN
KUNST ALS EINE KREATIVE SPRACHE, UM ZWISCHEN DEN WELTEN-SICHTBAREN UND UNSICHTBAREN-KOMMUNIZIEREN ZU KÖNNEN

II. Beziehungen in der Gesellschaft

Die gesellschaftliche Ebene hast du, Marko, in sieben Teile gegliedert. Es handelt sich um die folgenden Bereiche: Erziehung, Politik, Kunst, Wirtschaft, Religion – und zwei Punkte, die, so finde ich, eine Sonderstellung haben, da es keine Bereiche des gesellschaftlichen Lebens im üblichen Sinne sind, sondern eher Voraussetzungen oder Anforderungen, die die ganze Gesellschaft betreffen: »negative Kräfte und Emotionen recyceln« und »kreativer Frieden«. Ich schlage vor, dass wir gerade mit diesen beiden Punkten beginnen. Bist du damit einverstanden?

Ich würde sagen, dass der eine die Voraussetzung des anderen ist: Wenn wir mit den negativen Kräften fertig werden, schaffen wir einen Frieden in uns und in der Gesellschaft. Ist es so? Und was verstehst du eigentlich unter dem Begriff »negative Kräfte«?

Ich habe hier an eine Weiterentwicklung des gegenwärtigen Begriffes gedacht, den die moderne Ökologie erfunden hat. Es ist in den letzten Jahrzehnten zur allgemeinen Praxis geworden, die Reste unserer Arbeits- und Verbrauchsprozesse zu recyceln. Dies könnte im Sinne einer Wiederbelebung der Lebenszyklen natürlich noch verfeinert werden – darüber haben wir bereits einiges gesagt.

Wo wir als Zivilisation schwach sind, das ist der emotionale Bereich. Menschen produzieren andauernd Gefühle und Gedankenmuster disharmonischer oder sogar destruktiver Natur. Auf der physischen Ebene sind diese nirgends zu sehen. Geht man von der logischen Perspektive aus, gibt es sie also nicht. Bei der übersinnlichen Wahrnehmung kann man jedoch riesige negativ belastete emotionale Kraftwolken sehen, die in der Aura der Orte und Landschaften hängen.

Weil die Energie intelligent ist, entwickeln sich daraus sozusagen dämonische Kräfte, die den Lebensraum viel stärker belasten als die physischen Abfälle. Sie spiegeln die negativen Emotionen und Gedankenmuster unserer Zivilisation und inspirieren dadurch Menschen zu gegenseitiger Aggressivität, unmoralischen Entscheidungen und ähnlichem. Ihr einziges Ziel ist es, als solche zu überleben. Jeder Ausdruck der Wahrheit erscheint ihnen gefährlich und ihres Zornes wert. Am liebsten würden sie die Menschheit in einem Halbschlaf dahinvegetieren lassen.

Mit Recyceln meine ich Methoden, die man entwickeln müsste, um diese negativen Kräfte und disharmonischen Kraftfelder in ihren ursprünglich reinen Zustand zurückzuführen. Danach würden sie in die Schatzkammer der Urkraft integriert, wodurch der Kreislauf geschlossen wäre.

Noch wichtiger aber ist es, dass jeder von uns lernt, keine emotionalen Abfälle zu hinterlassen und die Umwelt nicht durch überflüssige mentale Projektionen zu belasten. Mit anderen Worten bedeutet dies, in Frieden mit sich selbst und mit allen anderen Wesenheiten zu leben und zu schaffen.

Wenn wir davon ausgehen, dass die Liebe eine real wirkende Kraft ist, dann sind die menschlichen Gedanken, Gefühle und Willensimpulse ebenfalls wirksame Kräfte, was hieße, dass auch sie gleichsam eine objektive Existenz besitzen. Wenn wir dieses als Menschen begreifen und erleben lernen, wird uns auch klar, dass wir nicht nur für unsere Taten, sondern auch für unser inneres Leben die Verantwortung tragen. Es wird aber noch sehr lange dauern, bis wir gelernt haben, unsere Gedanken und Gefühle im Griff zu haben oder, besser gesagt, in unserem Gedanken- und Gefühlsleben rein zu sein. Wenn wir soweit sind, sind wir bereits Engel und die Erde ein Stern, eine Sonne im Morgenstern'schen Sinne... Bis dahin bleibt uns nichts anderes übrig, als Methoden zu entwickeln, wie wir das Negative, das von uns ausgeht und die Umwelt verschmutzt, recyceln, das heißt, wie wir es wieder in den Fluss des Lebens bringen können. Hast du, lieber Marko, eine genaue Vorstellung, einen Vorschlag, wie diese Methoden aussehen könnten?

Da wir ja wissen, dass durch unsere negativen übersinnlichen Ausstrahlungen Wesen entstehen – müssen wir ja eigentlich davon ausgehen, dass dieses »Recycling« eine Erlösung bedeutet. Und dann stellt sich die Frage, wie ein Wesen erlöst werden kann und was Erlösen überhaupt bedeutet. In deinen Seminaren hast du ja viel Erlösungsarbeit gemacht; handelt es sich dabei um ein solches »Recyceln«, von dem du hier sprichst?

Ich benutze das Wort »Recyceln« in einem leicht ironischen Sinne, da ich sehen kann, wie oberflächlich der Gedanke des Lebenskreisens heutzutage gedacht wird. Du hast Recht, wenn du sagst, dass darin viel mehr geistige Arbeit steckt. Bevor eine blockierte Kraft oder ein in seiner Essenz verdrehtes Wesen zurück in den Zyklus integriert werden kann, muss ein mehrstufiger Prozess durchlaufen werden.

Als erstes muss die Ursache der Verdrehung erlebt oder erkannt werden, damit man daraus etwas lernen kann. Danach kommt die innere Arbeit, zum Beispiel, um jemandem, der hinter einer bestimmten Aggression steckt, zu vergeben, sich mit jemandem zu versöhnen oder um Vergebung zu bitten. Erst danach kommt man zum energetischen Aspekt des Recycelns.

Nach meiner Erfahrung hat Gaia in Zusammenarbeit mit der geistigen Welt riesige Hallenräume erschaffen, die parallel zu unserer Daseinsdimension existieren. Dort findet die Transformation der entfremdeten Kräfte und Wesenheiten statt. Erreichbar sind diese ätherischen Hallen durch die Kraft der Imagination gekoppelt mit der Qualität des Mitgefühls.

Lass mich ein Beispiel für einen solchen Vorgang beschreiben. Man imaginiere in der Ferne eine unendlich kleine Öffnung (ein »Nanoportal«) in der Form eines violetten Punktes. Die gegebene Kraft wird imaginativ in Richtung dieses Portals geführt und dabei nach und nach verkleinert. Letztendlich wird sie so winzig sein, dass sie durch dieses Nanoportal in die Dimension schlüpfen kann, wo sie den Prozess des Recycelns durchlaufen kann. Die Farbe Violett ist hier von entscheidender Bedeutung, weil sie die geistige Kraft der Umwandlung anspricht. Durch die Farbe Violett wird klar, worum es sich bei diesem Vorgang handelt.

Die Übung der Wandlung mit dem violetten Punkt wurde mir durch die Umwandlung einer Herde dämonisierter Schweine im Traum gezeigt.

Man kann natürlich Menschen oder andere Wesenheiten, deren Essenz wahrhaftig ist, nicht einfach dort hinschicken und erwarten, dass sie gereinigt werden. In solchen Fällen kann die Umwandlung nur auf der geistig-seelischen Ebene vollzogen werden. Wir sprechen hier vom Recyceln der verdrehten Kräfte und dämonischer (in Wahrheit nicht existierender) Wesenheiten.

Dass eine Kraft »erlöst« wird, indem sie aus einer negativen in eine positiv wirkende umgewandelt wird, also zum Beispiel, indem sie wieder einen Sinn bekommt, das kann ich mir vorstellen. Wie werden aber Wesen erlöst oder »recycelt« – wenn es sich um dämonische, in Wahrheit nicht existierende Wesen handelt, die durch menschliche negative Gedanken und Gefühle ins Leben gerufen wurden?

Um da Klarheit zu schaffen, würde ich sagen, dass nur negativisierte Kräfte recycelt werden können. Wesenheiten, die durch gewisse störende Wirkungen aus ihren Lebensbahnen geworfen worden sind und nun falschen Zielen dienen müssen, können erlöst werden, indem man ihnen hilft, in ihre naturgemäße Lebensbahn zurückzukehren. Mit den in Wahrheit nicht existierenden, also dämonischen Wesenheiten, ist es anders. Sie kennen keine Heimat, in die sie gewandelt zurückkehren könnten. Ihre Existenz wird sozusagen gelöscht, indem sie eine Art alchimistischen Wandlungsprozess durchlaufen, durch den die darin gefrorene emotionale Kraft von ihrer negativen Ladung gereinigt wird, um zum kosmischen Speicher der Urkraft zurückzukehren.

Es handelt sich in diesem Fall um Wesenheiten, die auf der kausalen Ebene keine Beziehung zu einem der kosmischen Urbilder kennen, also langfristig gesehen nicht existent sind. Es gibt aber auch Wesenheiten, die dem Leben der Erde schlecht gesinnt und dadurch störend sind, dass sie aus einem anderen Sternensystem stammen und auf die Erdsysteme nicht eingestimmt sind. Wie die luziferischen Wesenheiten mögen sie hier wohl eine herausfordernde Aufgabe haben. Sie fordern den Menschen dazu auf, trotz der von ihnen angebotenen Fülle an Licht und Geld seine wahre Bestimmung nicht aufzugeben. Solche Wesenheiten können natürlich nicht gelöscht werden. Sie werden frei zu ihrem Stern zurückzukehren, wenn die Menschen jene Aufgabe gemeistert haben, wegen der sie als Herausforderer hier aufgetreten sind.

In deinem Konzept stehen sich Politik und Wirtschaft auf der gesellschaftlichen Ebene gegenüber. Darüber hinaus gibt es drei Bereiche, die wir in bestimmtem Sinne als Gegenpole zu Wirtschaft und Politik erleben können: Erziehung und Bildung, Kunst und Religion.

Über die Erziehung haben wir zwar bereits gesprochen, doch wird hier nochmals der Aspekt »erziehen, um erzogen zu werden« betont. Diesen haben wir noch nicht besonders beleuchtet. Ist er so zu verstehen, dass der Erziehende zukünftig viel mehr darauf achtet, womit und mit welchen – vielleicht bisher unerkannten, unreflektierten – Seiten des eigenen Wesens er durch das zu erziehende Kind konfrontiert wird? Verlangt wäre damit, dass der erziehende Mensch sehr selbstreflektiert ist und einen großen Willen zur Selbstentwicklung hat, oder?

Der Gedanke kommt aus den Erfahrungen während meiner Seminare. Ich muss gestehen, dass ich nirgends so viel gelernt habe wie bei jenen Gelegenheiten, als ich selbst lehrte. Man lernt so viel über sich selbst, ist aufgefordert, neue Wege zu suchen, wie ein bestimmtes Thema am besten vorgetragen wird, die eigenen Schwächen offenbaren sich und so weiter.

Eigentlich heißt diese Art des Ausbildens und Erziehens, immer von dem auszubildenden und zu erziehenden Menschen, also vom Gegenüber auszugehen und an seinen Ist-Zustand anzuknüpfen. Sie bedeutet aber auch, stets kreativ zu sein und für jede Situation neue Lösungen zu finden; also immer geistesgegenwärtig auf die geistige Welt eingestimmt zu sein. Es geht darum, kein fertiges Wissen und keine festen Verhaltensmuster, Konventionen und so weiter einprägen zu wollen. Davon haben wir ja schon gesprochen.

Gut, gehen wir also weiter, zunächst zur Kunst. In deinem Konzept wird Kunst als »eine universelle Sprache, um zwischen den Welten kommunizieren zu können« bezeichnet. Das, was ich gerade über die Erziehung und Ausbildung gesagt habe, gilt, glaube ich, ebenso für die Kunst: die immerwährende Kreativität und Geistesgegenwart. Damit ist dann aber eher die Voraussetzung für die Tätigkeit eines Künstlers beschrieben. Deine Aussage bezieht sich mehr auf deren Ziel: Sie soll Kommunikation ermöglichen. Wie kann das funktionieren?

Mein ganzes Leben lang bin ich als Künstler bereits auf der Suche nach der schöpferischen Rolle von Kunst im alltäglichen Leben. Ich spüre, dass es damit vorbei ist, dass Kunst ausschließlich im eigenen

Kulturraum – der so genannten »Kunstszene« – funktionieren soll. Das war in der Epoche der modernen und postmodernen Kunst sinnvoll, weil die Kunst sich einen autonomen Raum schaffen musste. Zuvor war die Kunst zu sehr in die Interessen der herrschenden Eliten eingezwängt, und die Künstler sind als Diener für deren Ideen und Institutionen betrachtet worden.

Heute ist die Kunst frei, nichts anderes als Kunst zu sein. Diese Errungenschaft droht die Kunst jedoch wiederum in das andere Extrem zu schieben. Sie wird egozentrisch. Ich bin auf der Suche nach einer neuen Position der Kunst, bei der sie ihre Autonomie (und dadurch die kreative Freiheit) nicht verliert, aber dennoch zur Entwicklung des Menschen oder zur Neuentdeckung unserer Beziehungen zu den parallelen Welten etwas Wesentliches beitragen kann.

Bei der Matrix der Gaiakultur, die wir gerade betrachten, habe ich bisher nur eine der schöpferischen Aufgaben erwähnt, die ich im Zusammenhang mit der Kunst sehe. Gerne zähle ich einige weitere auf.

Die Kunst kann eine entscheidende Rolle bei der Bewusstwerdung des neuen räumlich-zeitlichen Kontinuums spielen, durch das die Beschaffenheit unseres Lebensraumes vorgegeben wird. Durch Kunstwerke ist es möglich, die neue Raum-und-Zeit-Struktur zu erleben, bevor sie zu einer festen Wirklichkeit geworden ist – der Vorgang ihrer Manifestation kann dadurch sogar vorangebracht werden.

Durch Kunst wird die Fähigkeit der Imagination bei den Menschen gefördert. Imagination sehe ich als ein schöpferisches Werkzeug der Zukunft, wenn die kreativen Prozesse vorerst nicht in der Materie, sondern in der Noosphäre (Bewusstseinssphäre) verlaufen werden.

Die Erfahrung der Kunstwerke kann einen wesentlichen Beitrag bei der Erweiterung des Wahrnehmungsfeldes des Menschen leisten. Oft stellen Kunstwerke Fenster dar, durch die man andere Welten und Dimensionen wahrnehmen kann – bewusst oder unbewusst.

Zuletzt möchte ich noch jenen Punkt erwähnen, den Du, lieber Radomil, oben angesprochen hast. Die Kunst kann als universelle Sprache entwickelt werden, durch die die Menschen mit anderen Welten und Wesenheiten kommunizieren könnten, die unsere menschlich geprägte logische Art der Sprache nicht kennen. In diesem Sinne bin ich dabei, verschiedene Formen universeller oder holographischer Sprache zu entwickeln. Die Zeichensprache der Kosmogramme ist die bekannteste davon. Aber auch die »GaiaTouch«-Körperkosmogramme gehören dazu.

Körperkosmogramme? Sind dies die holographischen Übungen, die du bei deinen Seminaren anwendest und in deinen Büchern vorstellst?

Ja, so habe ich sie einmal bezeichnet. Inzwischen haben meine Mitarbeiter von Hagia Chora, der Schule für Geomantie, die sich mit diesen Übungen bereits seit langem auseinandersetzen, entdeckt, dass sie in letzter Zeit »aktiv« geworden sind. Also habe ich sie neu geordnet und umbenannt. Ich lehre sie inzwischen so, dass sie von Einzelpersonen oder Gruppen regelmäßig geübt werden können. Es geht um eine Art Yoga, die der neuen Berührung zwischen Mensch, Erde und ihren elementaren Reichen gewidmet ist.

Körperkosmogramme sind bestimmte Bewegungen, die entweder mit dem ganzen Körper oder mit den Händen ausgeführt werden. Die meisten davon wurden mir von den elementaren Wesenheiten oder Hütern jener Orte weltweit gezeigt, an denen ich meine Seminare zu Natur- oder Stadtlandschaften leite. Meine Intuition meint, dass die Elementarwesen sie uns Menschen anbieten, damit sie uns bei der Wiederverbindung mit Gaia und der universellen Gottheit behilflich sein können.

Früher habe ich sie als »holographische Übungen« bezeichnet, weil sie gleichzeitig auf zwei Ebenen wirken. Durch die Arbeit an der eigenen Wiederverbindung, Erdung und Zentrierung werden auch die entsprechenden Wandlungsvorgänge der Erde und ihrer elementaren Reiche unterstützt. Dies ist deswegen möglich, weil unser Körper sich in vollkommener Resonanz mit der Erde und ihren Lebensreichen befindet. Unser Körper ist ein holographisches Bruchstück des Körpers Gaias, und unsere Hände sind ein Fraktal des Körpers. Was wir damit tun, kann eine direkte Wirkung auf den Körper Gaias haben – natürlich nur, wenn es bewusst und durch innere Einstimmung getan wird.

Ich denke, es wäre schön, wenn du ein Beispiel für ein Körperkosmogramm zeigen könntest, Marko. Auf der dritten, der Zivilisationsebene deines Konzeptes gibt es einige schöne Punkte, die sich dazu anbieten, durch ein Körperkosmogramm verdeutlicht zu werden. Zum Beispiel die Punkte »Kommunikation mit dem Bewusstsein der inneren Erde«, »Partnerschaft und Zusammenarbeit mit den Tieren« oder »Mitschöpfung mit der Engelwelt«; wir werden über diese Bereiche im folgenden Kapitel noch sprechen, doch vielleicht kannst du jetzt schon einiges einschieben und ein Beispiel geben.

Als Beispiel möchte ich ein Körperkosmogramm vorstellen, das in dieser Zeit der Wandlung wichtig ist. Ich nenne es »Manhattan-Kosmogramm zur Erdung des Kopfes«.

Die Übung wurde mir während der Vorbereitungen zu einem Workshop offenbart, den ich im Jahr 1999 auf der Insel Manhattan in New York abhielt. Dadurch, dass der Granitkörper Manhattans im Kern der Erde verwurzelt ist, ist es der Insel möglich, auf ihren Schultern äußerst kopflastige und dennoch höchst kreative Kulturschichten zu tragen. Durch die Übung wird uns seitens des Geistes von Manhattan die Möglichkeit angeboten, unsere mentale Aktivität zu erden, während zugleich »unser Kopf« für die ganze Bandbreite der Ewigkeit geöffnet wird.

Beuge dich nach vorn, sodass du mit deinen ausgestreckten Händen fast die Erde berührst. Stelle dir dabei vor, dass du mit den Händen bis zur Erdmitte hin reichst.

Richte dich nun langsam wieder auf und ziehe dabei die Verbindung mit der Erdmitte an der eigenen vertikalen Achse mit nach oben. Deine Hände liegen dabei mit den Handflächen aneinander.

Die Fingerspitzen weisen, bis sie auf der Höhe deines Unterleibs angelangt sind, erst noch nach unten, dann, auf der Höhe des Herzens, weisen sie nach oben.

Hebe deine Hände weiter an. Sobald du in der Höhe deines Gesichtes angelangt bist, verweile dort einen Moment lang in der Gebetsgeste vor deinem Dritten Auge.

Nach einer Weile breitest du die Arme langsam nach links und nach rechts so weit aus, wie es nur geht. Stelle dir dabei vor, dass du eigentlich das Feld deines Bewusstseins von innen her ausgeweitet hast.

Danach beugst du dich erneut zur Erde hinunter, und die Übung beginnt von vorn. Wiederhole sie einige Male hintereinander.

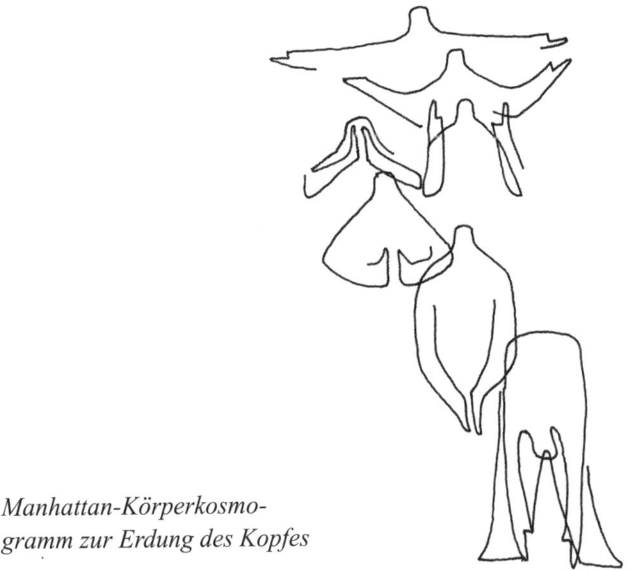

Manhattan-Körperkosmo-gramm zur Erdung des Kopfes

Danke für das Kosmogramm. Eigentlich ist dies ein Motiv, das in manchen Märchen vorkommt und genau das wahre Menschsein, von dem wir hier sprechen, zum Ausdruck bringt: fest auf der Erde stehen und dabei den Kopf in den Wolken haben. Das heißt, mit der Mutter Erde verbunden, in ihr verwurzelt zu sein und gleichzeitig die Verbindung mit der geistigen Welt nicht zu verlieren. Auf der Erde angekommen, zu Hause zu sein, und doch die geistige Heimat nicht zu vergessen!

Du hast, Marko, oben die zukünftige Aufgabe der Kunst umrissen: freie, autonome, von den Zwängen und der Herrschaft der Ideologien und Institutionen, der Eliten befreite Kunst, in der sich jedoch nicht der eigene Egoismus des Künstlers auslebt, sondern die statt dessen der weiteren, rechtmäßigen Entwicklung des Menschen und dessen Verbindung mit den anderen Welten, den anderen »Geschlechtern« der Erden-Zivilisation, dient.

Ich glaube, dass in der zukünftigen Zivilisation, von der wir hier sprechen, die Kunst eine viel höhere, wichtigere Stellung einnehmen wird, als dies heutzutage der Fall ist, wo alles nach wirtschaftlichen

Kriterien gemessen, alles den wirtschaftlichen Zielen unterworfen wird. Wirtschaft und Politik sind gegenwärtig die in der Gesellschaft dominierenden Bereiche, wobei sich die Politik der Macht der Wirtschaft unterstellt. Und die Wirtschaft, so wie sie heute aufgefasst wird, dient, da sie nur am Gewinn orientiert ist, der Befriedigung des Egoismus der Beteiligten. Sie ist weit davon entfernt, als Dienst am anderen, als Befriedigung von dessen Bedürfnissen praktiziert zu werden.

In deinem Konzept verstehst du die Wirtschaft dagegen als ein »Austausch von Kraft und Information unter Menschen«. Du sprichst nicht von »Ware« oder von »Gütern«, sondern von »Kräften« und »Informationen«; das ist etwas überraschend und bedarf, meine ich, einer Erklärung.

Wir haben das Thema der Zyklizität bereits angesprochen. Solange das Leben frei kreisen kann, kann es bestehen. Im kurzen Statement zur Wirtschaft haben wir zwei Ebenen der Zyklizität berücksichtigt. Das Kreisen zwischen der kausalen Ebene, auf der die Urbilder und Urkräfte des Lebens eingeschrieben sind, und der Ebene der Verkörperung ist von grundsätzlicher Bedeutung. Nur wenn dieser Kreislauf bewusst befolgt wird, kann dem ständigen Raub der Erdschätze und dem Wegwerfen unbrauchbarer Reste ein Ende gesetzt werden. Die Urkraft des Lebens und das Wissen um deren Verkörperung fließen der manifestierten Lebensebene unter diesen Bedingungen zu. Sie werden in die Lebensprozesse umgesetzt und schließlich wiederum in ihre ursprüngliche Daseinsqualität zurückverwandelt.

Dazu fehlt uns heutzutage nicht nur das technologische Wissen, sondern vor allem das tiefgreifende Gefühl, in die Ganzheit des Lebensgewebes integriert zu sein – und eine dem entsprechende Entscheidung, die unbedingte Verantwortung für den Kreislauf des allumfassenden Lebensstromes zu übernehmen.

Durch die gegenwärtige Erdwandlung werden seitens des Gaia-Bewusstseins/Wesens die entsprechenden Vorbedingungen geschaffen, damit das freie Kreisen zwischen der Ursprungsebene und der manifestierten Ebene möglich wird. Ich denke dabei an die Verfeinerung der Materie einerseits und die Verdichtung der geistigen Dimensionen unseres Heimatplaneten andererseits. Meiner Wahrnehmung

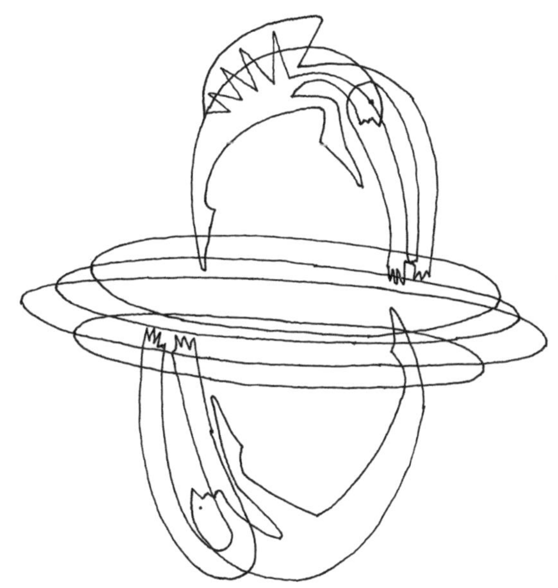

Das Kreisen der Lebenskräfte findet sowohl auf der vertikalen als auch auf der horizontalen Ebene statt.

nach bekommt die Materie durch diesen Prozess eine neue Basis, die auf einer intelligenten Mischung von Luft- und Wasser-Elementen beruht und sich nicht wie heutzutage vorrangig auf das Element Erde stützt. Der zweite Kreislauf der Wirtschaft, der oben angesprochen wurde, hat sozusagen einen horizontalen Charakter. Es geht darum, dass die Lebenskräfte und ihr Weisheitspotential (die »Informationen«) frei zwischen allen Teilnehmern des Lebensgewebes der Erde fließen können – nicht nur unter den Menschen. Hierbei geht es um eine grundsätzlich neu organisierte Ökonomie. Als Künstler kann ich leider nicht viel dazu sagen, wie sie aufgebaut werden soll. Aber das Ziel ist bekannt: eine gerechte Verteilung der Lebensströme, die unentwegt aus dem Schoß Gaias fließen.

Wenn ich es richtig verstehe, bedeutet dies, dass wir dreierlei brauchen: erstens das Bewusstsein und vor allem das, wie du sagst, tiefgreifende Gefühl der Ganzheit – dass wir uns also als einen untrennbaren

Bestandteil des Ganzen erleben können; zweitens eine Technik oder Technologie, die im Unterschied zu der heutigen die Urkräfte des Lebens nicht ver- und missbraucht und in Todeskräfte verwandelt, sondern sie im Fluss des Lebens hält. Oder vielleicht kann man sogar sagen, eine Technik, die die Todeskräfte in Lebenskräfte umwandelt, also lebensfördernd ist. Nur wenigen Menschen ist bewusst, dass unsere ganze Technologie, sämtliche Energieerzeugung, alle Verbrennungsmotoren und Turbinen, alle Sender und Strahler, eigentlich Todestechnologie ist. Sie erzeugt Todeskräfte. Da muss ich an Viktor Schauberger denken, der dies sehr genau wusste und – glaube ich – auch erlebte. Er arbeitete sein Leben lang an der Entwicklung einer Lebenstechnologie. War dies vielleicht der richtige Ansatz?

Und drittens brauchen wir dann – auf der horizontalen Ebene – eine Ökonomie, die so strukturiert wäre, dass sie diese Kräfte und deren Ströme (und ich meine, man kann dazu auch Waren oder Güter und auch Geld zählen, denn sie sind die Verkörperung dieser Kräfte) gerecht unter den Menschen und allen anderen Partizipierenden verteilen würde.

Du sagst, Marko, dass du als Künstler zu dieser neuen Struktur der Ökonomie nicht viel sagen kannst, doch bin ich der Meinung, dass es fatal wäre, dies nur den Ökonomen zu überlassen. Sie käme nicht zustande. Es bedarf da schon auch der künstlerischen Kreativität und Inspiration, denn welcher Ökonom kann schon das Neue denken, sich von den bisherigen Erfahrungen und ökonomischen Dogmen befreien und sich der noch nicht gedachten Zukunft öffnen?

Um eine solche lebensgerechte Struktur der Wirtschaft zustande zu bringen, bedarf es jedoch auch einer anderen Politik als der heutigen. Du sprichst von der »Politik des reinen Herzens« und einer »Pandemokratie«. Die Politik des reinen Herzens stelle ich mir als einen selbstlosen Dienst vor. Eine so einfache und doch scheinbar so schwierige Sache…

Ja, es handelt sich vorerst um die Bereitschaft der Politiker, ihr eigenes ideologisches Interesse abzulegen und bereit zu sein, den Anforderungen gerecht zu werden, die das Leben an uns alle als Mitglieder der vielschichtigen planetaren Gesellschaft stellt. Es muss wohl in der

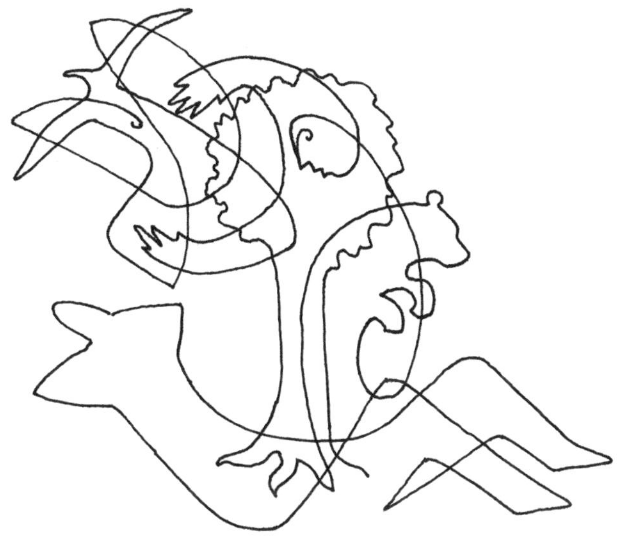

Die Schöpfung von Gaia als Ausgangspunkt der Pan-Demokratie

Gesellschaft Menschen geben, die sich auf eine schöpferische und innovative Art damit befassen, alle Ebenen und Wesenheiten, die zur planetaren Familie gehören, anzusprechen und sicherzustellen, dass sie ihre Rolle im Lebensgewebe frei und ihre Aufgabe gerecht ausüben können.

So etwas kann man nicht einfach durch die Anwendung bestimmter gesellschaftlicher Logistik lösen. Es geht dabei eher um eine Art von Kunst; um einen schöpferischen Vorgang, in dem verschiedene gesellschaftliche Rollen miteinander verwoben werden, wobei der individuellen Entfaltung der einzelnen Mitglieder der Gemeinschaft genügend Raum zur Verfügung gestellt wird, dass sie sich für das Wohl des Ganzen entfalten können. Mit dem Begriff »Politik des Herzens« wollte ich unterstreichen, dass nur die Liebe zu allen Wesenheiten und zu allen Lebensfacetten, die Gaia in Zusammenarbeit mit der geistigen Welt ins Leben gerufen hat, die Grundlage darstellen kann, aufgrund derer eine Gesellschaft voll lebensfähig wird – ohne ständig immense Gegensätzlichkeiten und Konflikte zu produzieren.

Was den von mir geprägten Begriff der »Pandemokratie« betrifft, geht es dabei um einen der Grundsätze, nach denen die Gesellschaft der Zukunft aufzubauen ist. Das demokratische Prinzip sollte nicht nur für menschliche Mitglieder der planetaren Familie gelten, sondern auch für andere Wesenheiten, ohne die die Lebensgemeinschaft, wie sie auf der Erde existiert, nicht möglich wäre. Ich denke da vorerst an die Tiere und Wesenheiten der Landschaft, aber auch an die zur Zeit noch unsichtbaren Reiche der Elementarwesen, an die Gemeinschaft unserer Vorfahren und Nachkommen und so weiter. Unsere Nachkommen sind wohl brennend daran interessiert, welche Lebensbedingungen sie antreffen werden, wenn die Reihe an sie kommt, sich auf Erden zu verkörpern. Sie würden wohl gerne ihre Einsichten beisteuern, wenn es um Fragen der zukünftigen Entwicklung des Menschen und der Erde geht.

Heute früh bin ich im dichten Schneefall einkaufen gegangen; in der Nähe des Supermarkts fließt ein Bächlein oder vielmehr ein Rinnsal, an dem eine wunderschöne Gruppe von etwa einem Dutzend hoher Pappeln steht. Die Bäume bilden – obwohl die einzelnen Pappeln eher etwas »strubbelig« ausschauen – ein sehr harmonisches und mächtiges räumliches Gebilde, bei dem man den starken Eindruck hat, dass da ein Wesen am Werke ist, das die ganze Gruppe, das ganze Gebilde umfasst und für dessen harmonische Gestalt sorgt. In dieser Stadtperipherie, die sonst eher arm an Bäumen und reich an den heutigen Zivilisationsprodukten wie Straßen mit Kreisverkehr, Supermärkten und Geschäften, Parkplätzen, Tankstellen und so weiter ist, kann man annehmen, dass dieser seltene Platz und Raum eine besondere Funktion im Lebensgefüge der verarmten Landschaft zu erfüllen hat. – Und heute Morgen sah ich, dass die eine Hälfte der schönen Bäume frisch gefällt worden ist... Ich stand da und war erschüttert. Ich habe mich jedes Mal, wenn ich da vorbeigegangen oder -gefahren bin, an diesen Bäumen erfreut, und jetzt waren sie, obwohl völlig gesund, auf einmal weg. Ab und zu sind Leute an mir vorbeigegangen, aber niemand sah es; sie haben nur mich misstrauisch angeschaut, weil ich »mitten in der Pampa« stehen blieb, wo man sonst möglichst schnell fort sein möchte. Die Bäume aber hat niemand wahrgenommen. Ich habe tiefe Trauer und Schmerz im Bauch empfunden; als wäre jemand da, der sagte – oder vielmehr als wäre ich es selbst: Ich muss hier doch schaffen, ich habe hier meine wichtige Aufgabe, und ihr habt mir die Hände abgeschlagen, ohne die ich doch nicht schaffen kann!

Es war, so kann man sagen, eine politische Entscheidung, die Bäume zu fällen. Entweder aus Sicherheitsgründen, damit die Äste den Menschen nicht auf den Kopf fallen, oder aus wirtschaftlichen Interessen: Man will hier etwas bauen, man braucht das Holz oder eine Firma möchte neue Pflanzungen vornehmen. Das ist die Politik im Kleinsten, und dann gibt es die Politik im Großen, die sich auf der Ebene der Regierungen und Parlamente oder sogar der Staatsbunde abspielt. Wir leben in einer Epoche, in der sowohl wirtschaftlich als auch politisch das Verstandeskalkül bestimmend ist. Es wird gerechnet, was den höchsten Gewinn, den größten Nutzen, die größte Sicherheit und das höchste Wohl bringt – für uns Menschen, oder genauer gesagt: für manche von uns Menschen; für diejenigen, die die Macht in der Hand halten.

Und eines ist deutlich: Die Weltlage kann sich nur ändern, wenn diese reine Kopf- und Angstkultur durch die Herz- und Liebeskultur ersetzt wird. Nur wenn die Entscheidungsträger auf allen Ebenen nicht aus Kalkül, sondern aus Liebe, aus reinem Herzen handeln, können die Entscheidungen heilbringend für alle sein. Was dazu notwendig ist, das haben wir schon besprochen, und es betrifft vor allem die persönliche Ebene. Der Wandel muss in jedem einzelnen Menschen stattfinden. – Heute bei den gefällten Bäumen kam mir dieser Gedanke: Möge der Schmerz, den wir Menschen anderen Wesen zufügen, unsere Herzen weicher machen! Mögen unsere Herzen durch diesen Schmerz wach werden!

Zu der Pandemokratie, an der auch andere Reiche als nur (verkörperte) Menschen Anteil haben, kommen wir noch, wie ich denke, im letzten Teil dieses Buches, wenn wir über die Koexistenz mit dem Erdkosmos sprechen. Auf der Ebene der Gesellschaft bleibt uns noch der letzte Punkt, und das ist die Religion. Du, Marko hast es wie folgt benannt: Religion ist ein Pfad zum universellen Verbundensein. – Die Religion als einen Pfad anzusehen, ist eine eher seltene Auffassung, wie ich meine. Diese Bezeichnung deutet an, dass die Religion, die Religiosität als ein schmaler, mühsamer und womöglich auch unsicherer Weg erlebt wird, oder?

Die Aggressionen gegen die Wesenheiten der Natur, die du aufgrund deines Erlebnisses von gestern Morgen beschreibst, haben mich erneut erschüttert. Die Natur, die ja unsere eigene Lebenskraft verkörpert, muss dem menschlichen Appetit ständig weichen. Es ist sogar schon so weit, dass uns die reine Logik ins Gesicht schreit – ich denke da an das gegenwärtige »grüne« Gedankengut –, dass wir auf eine Art von Selbstmord zurasen, wenn wir die Naturkräfte weiterhin so rücksichtslos ausmerzen. Und dennoch wird die alte anthropozentrisch ausgerichtete Praxis weitergetrieben. Offenbar muss uns Menschen erst der Himmel auf den Kopf fallen, damit wir wach werden und endlich die konkrete Entscheidung treffen, unseren Krieg gegen die Natur zu beenden.

Teilweise liegt die negative Zuwendung der Erde und der Natur gegenüber in den Dogmen der monotheistischen Religionen begründet, die das Geistige vorerst im Himmel positionieren und nicht mitten im irdischen Kosmos. Und doch dürfte uns das Göttliche (da wir als irdische Wesenheiten auf Erden verkörpert sind) nirgends näher sein als in der verschwundenen Pappelgruppe. Doch! Es gibt noch einen Ort, wo dem Menschen das Göttliche noch näher ist: in seinem eigenen Innern!

Aus diesem Grund sehe ich den persönlichen geistigen Weg als die Religionsform der Zukunft an. Es sollte vorerst keine Institutionen geben. Wir Menschen sollten als erstes lernen, uns innerlich mit dem göttlichen Ursprung unseres eigenen Wesens wieder zu verbinden. Die lateinische Wurzel des Wortes »Religion« spricht es klar aus: »Verbinde dich!« Suche den Ursprung allen Seins und die Wahrheit deines Wesens in deiner Mitte. Diese ist identisch mit der Mitte des Universums, die im allgemeinen als der Gott erkannt wurde. Man sollte sie dementsprechend ehren und ihr genügend Raum geben, sich in der Mitte des alltäglichen Lebens zu entfalten.

Nicht minder wichtig ist es, diese »Quelle des Ursprungs« gleichzeitig auch in allen anderen Wesenheiten zu sehen, die das Lebensgewebe des irdischen Universums verkörpern und beseelen – die Mitmenschen inbegriffen. An diesem Punkt angelangt, könnten neu konzipierte religiöse (d.h. »wieder-verbindende«) Gemeinschaften entstehen, die es ermöglichen würden, dass der neue Bund zwischen der Erde, den Menschen und den geistigen Welten des Universums auch gesellschaftliche Formen bekäme. Ich meine damit zum Beispiel, die Formulierung eines ethischen Kodex, durch den jenes ausgesprochen würde, was uns allen am Herzen liegt. Es bräuchte auch Rituale als Kunstformen, durch die das Gemeinsame an der Wieder-Verbindung durch Menschengruppen zum Ausdruck gebracht werden könnte.

Die Matriarchat-Studien von Heide Göttner-Abendroth zeigen, dass in jener Kultur das Göttliche (sprich, das Weiblich-Göttliche) als immanent, das heißt in allem anwesend empfunden wurde; die Trennung zwischen sakral und profan gab es nicht. Und das ist auch, glaube ich, die Religiosität und Sakralität der Zukunft. So wie die göttliche Liebe alles durchzieht, durchzieht alles auch das Göttliche selbst, und das heißt, dass in allem die Heiligkeit erlebt werden kann, da sie in allem*

* Heide Göttner-Abendroth: Geomantie und Matriarchat; in *Hagia Chora* Nr. 11, Winter 2001/2002, S. 26ff.

auch wirklich ist und wirkt. Und wenn die Menschen früher alles als heilig erlebt haben, war dies dadurch gegeben, dass sie – weil ihr Intellekt nicht so entwickelt oder »angeschwollen« war – Sinnesorgane und damit die Wahrnehmungsfähigkeit für das Heilige oder das Göttliche hatten. Und wenn wir die Welt wieder als heilig erleben, wenn wir dieser Qualität der Welt teilhaftig werden wollen, müssen wir diese Sinnesorgane, diese Wahrnehmungsfähigkeit wieder erneuern oder neu entwickeln. Dann wird die Religiosität wieder etwas Selbstverständliches und Natürliches werden – und dementsprechend wird sich auch unser Verhalten gegenüber der Welt ändern.

Ich habe auf das Angeschwollensein unseres Intellekts hingewiesen, und die Frage ist jetzt, wie wir nun – da wir den Intellekt nun schon einmal haben – diese beiden vereinigen können, oder anders: wie wir vom Kopfintellekt zur Herzintelligenz kommen; damit haben wir uns ja bereits beschäftigt. Wir können und wollen nicht zurück, doch vorwärts wird es in dieser Richtung nur mit Anstrengung gehen, weil es sich um einen Weg aufwärts, gegen unser Eigengefälle, handelt. Zu einer neuen Religiosität können wir nur kommen, indem wir bewusst an der Entwicklung der erwähnten Sinnesorgane und der daraus resultierenden Wahrnehmungsfähigkeit arbeiten und darum bitten, dass sie uns geschenkt wird.

Am Anfang dieses Kapitels besprachen wir zwei Punkte deines Konzeptes. In dem einen ging es darum, »negative Kräfte und Emotionen recyceln« zu können. Der andere handelte vom Ergebnis dieses Vorgehens: »kreativem Frieden«. Die eigene Religiosität und der Frieden in mir selbst und um mich herum liegen, nach meinem Verständnis, ganz nahe beieinander; vielleicht kannst du, Marko, noch ein Wort darüber »verlieren«, wie du diesen kreativen Frieden verstehst.

Wir bewegen uns hier auf der gesellschaftlichen Ebene. Natürlich hat die Aufrechthaltung des eigenen inneren Friedens eine grundsätzliche Bedeutung. Nun geht es aber darum, wie Frieden auf allen Daseinsebenen der Gemeinschaft erreicht werden kann.

Mit dem Begriff des kreativen Friedens wird vorerst ausgesagt, dass Frieden hier nicht als eine statische Angelegenheit gedacht ist, sondern eher als ein schöpferischer Prozess. Durch diesen kreativen Friedensvorgang werden die Gegensätze, die ja immer im Leben und in der Gesellschaft auftauchen, in eine schöpferische Interaktion umgeleitet, anstatt dass sie Streit und Krieg verursachen. Dies wird durch die neue Weltanschauungsweise möglich, die ich als mehrdimensional bezeichne.

Durch die synchrone Anwesenheit der verschiedenen Daseinsdimensionen im Rahmen unseres Raum-Zeit-Kontinuums wird es möglich werden, dass die scheinbar gegensätzlichen Positionen angesichts eines bestimmten schöpferischen Prozesses im Sinne der Synergie doch miteinander wirken können. Streit und Krieg werden durch komplexe und liebevolle Kooperationen als überflüssig verabschiedet.

Um den kreativen Frieden als eine alltägliche Wirklichkeit erleben zu können, müssen wir uns zunächst von lebensfremden und falsch gedachten Dogmen und mentalen Mustern befreien, da sonst zu viele Gegenkräfte in den permanent verlaufenden Friedensvorgang eingefüttert werden.

Es geht also auch hier um die parallel verlaufende Arbeit auf der persönlichen (das Abbauen eigener alter mentaler Muster, des alten Paradigmas) und auf der gesellschaftlichen Ebene, wo es sich vor allem, wenn ich es richtig verstehe, um eine kreative Suche oder ein kreatives Bemühen um liebevolle Kooperation oder Zusammenarbeit handelt. Besonders wichtig finde ich in diesem Zusammenhang die Verbindung »liebevolle Kooperation«, denn die Zusammenarbeit, die den eigenen Nutzen im Sinn hat, kann keinen Frieden stiften, und eine egoistische Motivation wird immer nur Krieg hervorbringen. Liebevoll heißt hier, die Bedürfnisse des anderen durch meine Fähigkeiten befriedigen zu wollen, oder auch: durch die Verbindung von meinen und deinen Fähigkeiten die Not eines Dritten stillen zu wollen. – Und dann ist da noch das Wort »kreativ« zu betonen. Damit ist »einfallsreich« oder reich an Einfällen, an Eingebungen und Ideen gemeint, die uns einfallen, die in uns einfließen und uns eingegeben werden, wenn wir offen und entsprechend eingestimmt sind.

Menschen mögen erwachen

•

Zivilisationsebene

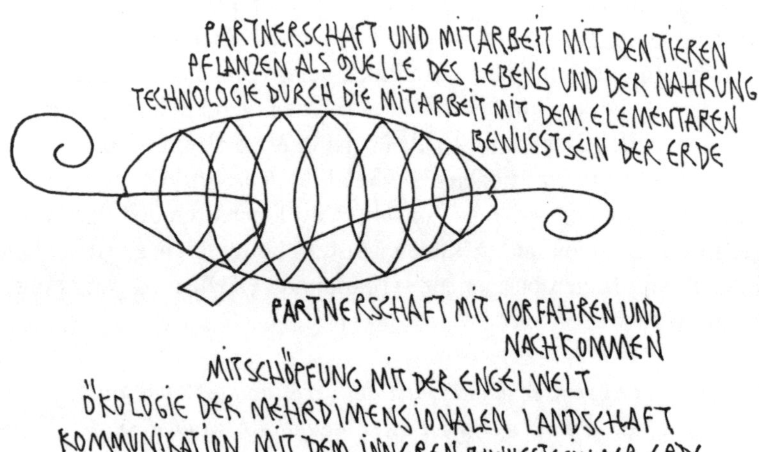

III. Koexistenz mit dem Erdkosmos

Wir kommen nun zur dritten Ebene, der Ebene der Zivilisation oder des von dir so genannten Erdkosmos, das heißt zu einer Zivilisation, in der auch alle anderen verkörperten oder nichtverkörperten Wesen berücksichtigt sind. Als erstes stehen hier die Verkörperten: Tiere und Pflanzen. Wie sollte sich deiner Einsicht nach die Beziehung zwischen den Menschen einerseits und den Tieren und Pflanzen andererseits in der zukünftigen Zivilisation gestalten? Wie soll hier die Koexistenz aussehen? Diese Beziehung ist ja heutzutage vor allem vom gegenseitigen Essen und Gegessenwerden geprägt…

Als erstes muss ich unterstreichen, dass ich Pflanzen als eine spezifische Noosphäre sehe, also als einen materialisierten Ausdruck der Sprache Gaias. Die immense Variabilität der Pflanzenwelt zeigt, wie reich das Wörterbuch und die Grammatik der Sprache der Erdseele (des Bewusstseins der Erde) ist. In diesem Sinne ist das Essen der Pflanzen eine Art Kommunikation mit Gaia, der Mutter allen Lebens. Indem die Pflanzen durch den Koch- und Verzehrprozess bewegt werden, verläuft ein unterbewusster Dialog zwischen Mensch und Gaia.

Das Elementarwesen einer Blume

Das Bestreben, diesen Dialog achtsamer und bewusster zu führen, sehe ich als zukunftsweisend. Das heißt nicht, dass wir die Pflanzennahrung nicht mehr zu uns nehmen dürfen. Es geht statt dessen erstens darum, mit welchem Bewusstsein wir das tun, und zweitens, wo der Schwerpunkt unserer Ernährung liegt. Die großen Mengen an Nahrung, deren Produktion die Erde heutzutage auslaugt, würden nicht mehr gebraucht. Weil die Pflanzen viel mehr von ihrer Kraft und Qualität geben, als bei unserer heutigen Ernährungsweise, könnte eine geringere Menge an Pflanzennahrung unsere Bedürfnisse stillen.

Was die Tiere betrifft, ist die Lage ganz anders und auch viel dramatischer. Tiere sind eigentlich unsere Artgenossen. Wir, als verkörperte Menschen, sind mit den Tieren eng verwandte Wesenheiten. Die Kommunikation mit den Tieren kann nicht durch den Verzehr ihres Fleisches abgewickelt werden. Tiere sind kosmische Wesenheiten wie wir, und die Kommunikation mit der Zoosphäre sollte auf einer anderen Sprache gründen. Auf der geistigen Ebene sind die Tiere zwar nicht so weit individualisiert, aber als Gruppenseelen sind sie uns, als Menschseelen, ebenbürtig.

Ich sehe die Gemeinschaft der Anthropo- und Zoosphären als eine Kooperation zwischen zwei verwandten Evolutionen, die sich beide der Aufgabe gewidmet haben, die Materie zu sensibilisieren und sie so zu entwickeln, dass sich in Zukunft höhere geistige Wesenheiten und Dimensionen verkörpern können. Es gibt im materialisierten Universum, das wir durch unsere Teleskope betrachten, unzählige Sternensysteme und Planeten, die darauf warten, dass das Wissen um die Materialisierung des Lichts und des Lebens ausgearbeitet wird. In dieser Richtung haben wir beide, Tiere und Menschen, genügend zu tun und einiges auszutauschen.

Die Kommunikation, der Austausch mit den Tieren – wie wäre dieser möglich? Eigentlich müssten wir nicht mit den einzelnen Tieren, sondern mit den Gruppenseelen ins Gespräch kommen; das haben ja die Schamanen der indigenen Völker gekonnt, doch wir stehen da mehr oder weniger ratlos davor, so als wären wir, Tiere und Menschen, zwei getrennte Zivilisationen und als käme unser eigener Geist an die Geister der Tierordnungen und -gattungen nicht heran. Oder doch?

Der Schlüssel zum Austausch mit der Tierwelt liegt in jener Dimension der Existenz, die uns beiden gemeinsam ist, also die Sphäre der Verkörperung. Meine Erfahrung zeigt, dass Tiere in ihrer Eigenschaft als Gruppenseelen fähig sind, mir zu helfen, mich in der materialisierten Welt viel besser zurecht zu finden. Das gilt sowohl im Falle der Landschaft, wenn ich auf der Suche nach bestimmten geomantischen Phänomenen bin, als auch bei Problemen mit meinem Körper. Ich lasse mich dann von meinem Krafttier leiten, um die nötige Einsicht in die Problematik meines Körpers zu erlangen.

Wir Menschen können andererseits den Tieren bei ihren Anliegen helfen, individualisiertere Beziehungen zu ihren Gruppenseelen zu finden und dadurch evolutionär weiter zu wachsen. Wir Menschen sind inzwischen Meister auf diesem Gebiet geworden. Schon dadurch, dass wir es den Tieren zum Beispiel erlauben, an unseren Lebensformen Teil zu haben, wie im Falle der Haustiere, fühlen sie sich reich beschenkt – natürlich nur, wenn wir selbstlos und liebend mit ihnen umgehen.

Das heißt, dass die Domestizierung der Tiere, deren Haltung in Ställen oder in Häusern und die Pflege durch uns Menschen für die weitere Evolution der Tiere die größte Bedeutung hat! Dies ist vielleicht eine Antwort auf die Frage von Menschen, denen es obliegt, Tiere zu pflegen, die jedoch – vom Intellekt her – daran zweifeln, ob es so richtig ist und ob es nicht – wie auch immer die Tiere gehalten werden – ein Ausbeuten ist und es nicht besser wäre, einfach keine Tiere zu halten und sie frei sein zu lassen. Empfinden kann man es, glaube ich, schon: Die Tiere werden durch eine liebevolle Pflege ein Stück weit zu Menschen und sind – als Gruppenseelen – unendlich dankbar dafür. Dieses kann man auch manchmal in ihren Augen sehen: Gibst du mir, oh Mensch, deine Liebe? Hilfst du mir?

Aber noch einmal zurück zu den Pflanzen: Wir kommunizieren mit ihnen dadurch, dass wir sie essen. Sie lösen sich in unserem Verdauungsapparat auf, ihre Lebenskräfte und Formen, die Urbilder werden frei, und wir können sie in uns entziffern, lesen, wahrnehmen. Die Pflanzen dienen uns auch als Heilmittel, als Genussmittel und sie hüllen uns ein, wenn wir uns in Baumwolle kleiden. Und natürlich geben sie uns Holz und so weiter. Was geben aber wir den Pflanzen? Ist es ähnlich wie bei den Tieren? Denn das gleiche wie bei den Tieren ist es doch nicht, oder?

In Bezug auf die Tiere, möchte ich nicht, dass es so klingt, als ob die Tiere bei der Weiterführung ihrer Evolution von unserer Hilfe abhängig wären. Eher ist es so, dass wir von ihnen abhängig sind, da wir in einem Körper wohnen, der auf der Grundlage wissenschaftlicher Forschung als zu 98 Prozent identisch mit dem Tierkörper erkannt wurde.

Eigentlich geht es um eine gleichwertige Position. Wir Menschen stehen davor, unseren Körper so transformieren zu müssen, dass wir nicht mehr vom »Tier in uns« abhängig sind. Wir sind nach meiner Wahrnehmung dabei, unseren Körper in eine mehrdimensionale Kombination von Licht- und Materieteilchen zu transformieren. Dadurch werden wir autonomer. Aus dieser Position heraus sind wir befähigt, mit den Tieren als unseren Partnern bei der Weiterentwicklung der Biosphäre der Erde tätig zu werden. Die Tiere, befreit von der Rolle als unsere »Sponsoren« – der Unterstützer bei unserem Vorgang der

Inkarnation – werden befähigt, in diesem Prozess als kosmische Wesenheiten mitzuwirken. Teilweise kennen wir die kosmische Dimension der Tierwelt bereits durch die Astrologie, die ja ständig mit dem Tierkreis am Himmel zu tun hat.

Was die Pflanzen betrifft, ist die Lage ganz anders. Wir brauchen den Pflanzen gar nicht direkt etwas zurückzugeben außer unserer Liebe und die Bewunderung ihrer Schönheit. Der Kreislauf ist hier viel breiter. Wenn Pflanzen, wie oben erklärt, ein unmittelbarer Ausdruck der Erdmutter Gaia sind, so sollte der rückführende Bogen unserer Dankbarkeit zu ihr fließen. Die Wiederaufnahme unserer Rolle bei der Weiterentwicklung der Erde ist dabei entscheidend. Gaia braucht unsere schöpferischen Fähigkeiten bei ihrem Vorhaben, ihren Planeten in Richtung eines in der Materie und im Licht verkörperten Paradieses zu entwickeln. Durch die Pflanzenwelt und durch andere Formen ihrer Sprache gibt sie uns alles, was wir Menschen für unser Dasein und unsere Aktivitäten auf Erden brauchen. Von uns erwartet sie die Bereitschaft bei der Umsetzung der beschriebenen Vision mit ihr zusammenzuarbeiten.

In deinem Konzept, Marko, stehen »das Bewusstsein der inneren Erde« und »die mehrdimensionale Landschaft« den Pflanzen und Tieren quasi gegenüber. Bleiben wir zuerst noch bei der Erde, bei Gaia: Auch hier, so wie bei den Gruppenseelen der Tiere, kommt die Frage nach der Kommunikation, nach der Verständigung von zwei eigentlich ganz andersartigen Zivilisationen auf.

Mit dem Begriff »Bewusstsein der inneren Erde« meine ich die verschiedenen Schichten der Noosphäre der Erde, in denen das Wissen der vergangenen und der zukünftigen Entwicklung unseres Heimatplaneten verschlüsselt liegt. Dieses Wissen wird in Zukunft viel wichtiger werden als die Bodenschätze, die wir heutzutage aus dem Bauch der Erde holen. Es handelt sich nicht nur um die Erinnerungen der materiell verkörperten Erde, sondern vielmehr um das Wissen, das aus anderen Inkarnationen unseres Planeten stammt, als die Erde durch hoch entwickelte Zivilisationen bevölkert war. In der Geisteswissenschaft spricht man zum Beispiel über die Epoche von Atlantis, als die

Das Leben der Erdoberfläche und die Schichten der Erderinnerung

Erde vorwiegend ein wässriger Planet war. Davor gab es ein feuriges Zeitalter mit einer hochentwickelten Zivilisation, die vorwiegend auf den geistigen Ebenen der Erde ausgebreitet war. Sie wird Mu, Lir oder Lemurien genannt.

Einige Male hatte ich die Gelegenheit, in die Schatzkammern dieser Erinnerungen hineinschauen zu dürfen. Ich berichte darüber in meinem Buch *Synchrone Welten*. Die Überlieferungen der fernen Epochen der Erdentwicklung sollten keineswegs als esoterische Fabeln abgetan werden. Es handelt sich um reale »Bodenschätze«, in denen entscheidende Schlüssel zur zukünftigen Entwicklung der Erde, des Menschen und unserer Zivilisation bereitliegen. In den Märchen werden sie als Schätze aus Gold und Silber beschrieben, es geht aber nicht um materielle Schätze, sondern um ein unbeschreiblich wertvolles Informationsgut.

Es ist wichtig zu wissen, dass die Informationen nicht in einem »schlafenden« Zustand gespeichert sind wie im Fall unserer Bibliotheken. Die Erinnerung der Erde wird durch bestimmte Zweige der Evolution der Elementargeister in ihrem lebendigen Dasein aufrechterhalten. Wie in einem kosmischen Theater wird das gespeicherte Wissen immer wieder aufgeführt und in einem verblüffend lebendigen Zustand gepflegt und weiterentwickelt. Da ich inzwischen recht viele Erfahrungen dazu gesammelt habe, habe ich beschlossen, dieses Kapitel in meinem Konzept zukünftiger Zivilisation nicht zu verschweigen.

Ist das »Theater«, von dem du sprichst, Marko, dasselbe wie die so genannte Akasha-Chronik, von der die Theosophie und die Anthroposophie sprechen? – Eigentlich ist es eine faszinierende Vorstellung: Durch die fortwährende Tätigkeit geistiger oder elementarer Wesenheiten wird alles, was auf der Erde je geschehen ist, lebendig gehalten, oder, wie du sagst, aufgeführt; eine permanente, über Äonen andauernde Uraufführung... Du sprichst in deinem Konzept jedoch über die Kommunikation mit diesem Bewusstsein der Erde. Ich muss auch hier fragen: Wie bringen wir das zustande?

Es gibt verschiedene Vorgehensweisen, das lebendige Gedächtnis der Erde zu interpretieren. Eine Möglichkeit ist, es als Akasha-Chronik zu sehen. Ich jedoch habe es als eine Ansammlung verschiedener Gedächtnissphären innerhalb der Erde erfahren. Es sieht so aus, als ob die Zivilisationen, die ihren Zyklus an der Erdoberfläche abgeschlossen haben, ihr Vermächtnis in die Erde versenken.

Danach wandelt sich das Raum-Zeit-Kontinuum an der Oberfläche, und langsam siedelt sich ein neuer Zyklus der Zivilisationsentwicklung an. Menschen finden darin ganz neue Umstände und neue Aufgaben. Die Erfahrungen der vergangenen Zivilisationen leben fortan als autonome Welten im Inneren der Erde. An der Erdoberfläche gibt es Orte, die als Portale dienen, durch die man die inneren Schichten des Lebens der Erde erreichen kann. Durch solche interdimensionale Portale wird die Kommunikation möglich. Ich bin überzeugt, dass die Universitäten der Zukunft sich um solche Portale herum ansiedeln werden, um das im lebendigen Gedächtnis der Erde gespeicherte Wissen zur Grundlage ihrer Lehre machen zu können.

An diesem Punkt taucht erneut die Frage nach der Sprache auf. Wie können wir bewirken, dass das gespeicherte Wissen der Erde für unser Bewusstsein zugänglich wird? Dazu wird eine Sprache gebraucht, die jenseits der Logik des Verstandes liegt. Ich meine, dass wir eine mehrschichtige Sprache entwickeln müssen, durch die die Sprache der Schwingungen in eine Bildersprache übersetzt werden kann und diese wiederum in logische Aussagen. Die Synergie von Intuition, emotionaler Sensibilität und Logik macht es möglich – meine eigenen Erfahrungen bestätigen es.

Eines ist mir unklar: Für die zukünftige Gestaltung der Gesellschaft und Zivilisation brauchen wir Zukunftsimpulse, das heißt Impulse, die aus der Zukunft kommen und in die Zukunft führen; Vergangenes kann uns eigentlich nicht helfen, oder? Wäre es nicht angebrachter, Portale zu suchen, die in die Zukunft führen? Also nicht in jenem nach Lösungen zu suchen, was war, sondern in dem, was werden soll. Auch die heutigen Universitäten beschäftigen sich, meine ich, vorwiegend damit, was aus der Vergangenheit kommt, und pflanzen diese Vergangenheit in die Zukunft fort; sollten die Universitäten der Zukunft nicht eher am Zukünftigen als am Vergangenen orientiert sein, also an einem Sichverbinden-Können mit der geistigen Welt und deren neuen Impulsen?

Lieber Radomil, da muss ich dir widersprechen. Du stellst in diesem Fall eine lineare Zeitstruktur auf, die aus der Vergangenheit in Richtung Zukunft verläuft. Für eine zukunftsweisende Alternative schließe ich jedoch an das zyklische Prinzip an. Zyklisches Prinzip heißt in diesem Fall, dass die Erfahrungen der Vergangenheit als erstes durch das Gaiabewusstsein »verschluckt« und im Gedächtnis der Erde gespeichert werden, nachdem sie einen Destillationsprozess durchlaufen haben, bei dem all das Unwesentliche abgesondert und recycelt wurde. Was bleibt und im Erdinneren weiterlebt, sind Erfahrungen, die bereit sind, in die Gegenwart eingebaut zu werden als Schlüssel, die den Weg in die Zukunft eröffnen können. Um jedoch die Schwelle der Zukunft betreten zu können, bedarf es der Kreativität der Gegenwart, durch die die destillierten Erfahrungen der Vergangenheit in Lebensformen der Zukunft übersetzt werden.

Wo wir uns einig sind: Wir brauchen für die Zukunft neue Lebensformen, und zwar nicht nur, was die menschliche Gesellschaft, das soziale Miteinander der Menschen, sondern auch, was das Zusammenleben der Menschen mit den anderen Reichen der Natur und der geistigen Welt betrifft. Und wir brauchen Kreativität, wenn wir diese Formen »erfinden« wollen. Ob die Impulse dazu aus der Zukunft oder aus der destillierten Vergangenheit kommen, ist vielleicht nicht entscheidend, denn – so wie ich es verstehe – in der geistigen Welt (wie ich es bezeichnen würde) oder in den nicht materiellen Dimensionen des Daseins (wie du es vielleicht bezeichnen würdest) gibt es keine Vergangenheit und keine Zukunft, sondern nur Ewigkeit, ein ewiges Jetzt.

Der nächste, bereits erwähnte Punkt deines Konzeptes, Marko, heißt »Ökologie der mehrdimensionalen Landschaft«. Als Ökologie wird einmal die Wissenschaft von den Zusammenhängen des Lebendigen und einmal die Bewegung um den Schutz des Lebendigen bezeichnet. Was hast du bei diesem Punkt im Sinn?

Diese kurze Aussage zeigt meine kritische Stellung gegenüber der modernen Ökologie. Obwohl man erwarten dürfte, dass Ökologie sich mit dem Leben unseres Heimatplaneten in seiner Ganzheit beschäftigen würde, wird dabei nur ein schmaler Streifen des Lebensgewebes der Erde berücksichtigt. Es geht eben um jene Aspekte des Lebensgewebes, die durch Logik und Ratio wahrgenommen und als ein Bestandteil der Wirklichkeit akzeptiert werden. Dabei werden, meines Erachtens, die wichtigsten Aspekte der Landschaft ignoriert, wo es sich um Lebenskräfte (Bio-Energie), das elementare Bewusstsein der Natur und die kausale (urbildliche) Ebene der Lebenserscheinungen handelt.

Durch die so genannte Tiefenökologie wurde schon ein korrigierender Schritt getan, indem es darum geht, auch symbolische, philosophische und geistig-seelische Aspekte der Landschaft zu entdecken und zu schützen. Ich bemühe mich um einen zweiten, erweiternden Schritt im Zusammenhang mit der Mehrdimensionalität, die wahrgenommen wird, wenn neben der sinnlichen auch die übersinnliche Wahrnehmung als ein Kriterium der Wirklichkeit eingeschaltet werden darf. Die Geologie der Landschaft sollte, als ein praktischer Schritt der neuen Gaiakultur, durch Geomantie erweitert werden.

Durch die Erfahrungswissenschaft der Geomantie werden die vitalenergetischen Strömungen und Zentren wahrgenommen, die als ihr unsichtbarer Pol zur Biosphäre gehören. Es geht um die so genannte Noosphäre, also um die Sphäre des Gaiabewusstseins, an dem wir und alle Wesenheiten unseres Heimatplaneten teilhaben: Tiere, Pflanzen, Elementar- und Engelwesen, Landschaften und Ozeane. Die Biosphäre betreffend dreht sich alles um die Frage nach der mehrschichtigen Wahrnehmung, im Falle der Noosphäre jedoch um die verschiedenen Ebenen der Kommunikation.

Zum Arbeitsfeld der integralen Ökologie gehört auch die kausale Ebene, auf der die Urmuster abgespeichert sind – die Matrix, nach der unsere Wirklichkeit mit all ihren Gesichtspunkten aufgebaut ist. Es geht erstens darum, die Hintergründe des Lebens zu begreifen und zu ehren, und zweitens um die Heilung oder Wandlung der Ursachen, durch die die Gesundheit der Landschaft und ihrer Lebensbereiche gefährdet wird.

Ich denke, dies ist ein Feld, auf das wir jetzt nicht näher einzugehen brauchen, da es aus deinen Büchern und Seminaren hinreichend bekannt ist; jeder, der möchte, kann sich dort weiter zu diesem breiten Gebiet erkundigen.

Damit bleiben uns nur noch die drei letzten Punkte deines Konzeptes, die es zu behandeln gilt. Es sind allerdings Punkte, die für den heutigen Menschen, glaube ich, die heikelsten sind. Denn wir kommen zu den Elementarwesen, den nicht verkörperten Menschen und den Engeln. Damit sind wir schon gänzlich bei einer übersinnlichen Wirklichkeit angelangt, die von den meisten Menschen von heute nicht für existent gehalten wird. Oder vielleicht täusche ich mich auch, denn wenn jemand heute Bücher über Engel schreibt und über sie spricht, wird er durchaus viel gelesen und gehört; seine Vorträge werden massenhaft besucht und die Bücher gehen weg »wie warme Semmeln«. Menschen sehnen sich anscheinend nach Engeln und Elementarwesen (ein bisschen anders ist es vielleicht bei den Seelen der Verstorbenen und Ungeborenen, vor denen es den meisten Zeitgenossen immer noch graut), doch sie sind, wie es mir scheint, noch nicht bereit, sie in die Gestaltung der Gesellschaft und Zivilisation mit einzubeziehen. Es ist schön, sich vorzustellen, dass die Wälder und Wiesen und Gebirge voll mit Elementarwesen und der Himmel voll mit Engeln ist, es ist jedoch unbequem zu wissen, dass sie mit uns an der uns gemeinsamen Welt mitgestalten wollen.

Fangen wir vielleicht bei den Elementarwesen an; du benennst es hier allerdings etwas anders: »Technologie durch Mitarbeit des elementaren Bewusstseins«. Wie kann man sich eine solche Technologie vorstellen und wozu soll sie gut sein?

Ich bin mir der Kluft bewusst, die unsere von der Ganzheit abgespaltene logische Denkweise von den unsichtbaren Welten trennt. Meine Wahrnehmung bestätigt mich jedoch in meiner Überzeugung, dass es sie gibt. Also bin ich nicht bereit, ihren Anteil am mehrdimensionalen Lebensgewebe der Erde bei der Vision der entstehenden Gaiakultur zu verschweigen. Zunächst gilt es also nach Möglichkeiten zu suchen, die gegenwärtige Kluft zu überbrücken.

Eine Möglichkeit bietet das Prinzip der Synchronizität. Es sollte dem modernen Menschen nicht schwerfallen sich vorzustellen, dass verschiedene Welten und Wesenheiten gleichzeitig auf verschiedenen Frequenzebenen existieren. Man nimmt eben an derjenigen Welt teil, auf deren Frequenzspektrum man gerade eingestimmt ist. Die gerade

Der Mensch zwischen der Noosphäre des Universums und der Erde

verkörperten Menschen sind also auf das Spektrum der materialisierten Welt eingestimmt; die zur Zeit in der geistigen Welt Lebenden jedoch auf die Welt der Ahnen. Beide schwingen hier und jetzt – nicht anderswo – jedoch auf unterschiedlichen Frequenzebenen.

Eine zweite Möglichkeit sehe ich im Begriff der Noosphäre verborgen. Der Begriff, der auf deutsch »die Sphäre des Bewusstseins« heißt, geht auf den großen Vordenker der Erdsystemwissenschaften Wladimir Iwanowitsch Wernadski zurück. Er meinte, dass es neben der Sphäre des Lebens (Biosphäre) eine nicht minder allumfassende Sphäre des Bewusstseins gibt. In diesem Sinne »verkörpern« die Elementarwesen die Noosphäre der Erde; die Engel jedoch die breitere Bewusstseinssphäre des Universums. Entsprechend ist man aufgefordert, sich vom klassischen Bild der Engel und Elementarwesen abzukoppeln und sie auf eine neue Art zu imaginieren.

Aus diesem Grund nenne ich die Elementarwesen im Rahmen des Gaiakultur-Konzeptes »das elementare Bewusstsein (der Natur und der Erde)«. Sie repräsentieren die »Technologie«, aufgrund derer die Natur und die Erde die Lebensströmungen unseres Planeten aufrechterhalten und ständig erneuern. Das griechische Wort *téchne* heißt in diesem Zusammenhang »wie etwas gemacht wird«. Und es sind sicher die Wesenheiten der irdischen Noosphäre, die am besten wissen, wie im Rahmen der materialisierten Erde und ihrer Natur etwas auf eine harmonische Weise gemacht werden kann. Daraus folgt meine Überzeugung, dass sich die Technologie der Zukunft in Kooperation zwischen der Noosphäre der Menschheit und der Bewusstseinssphäre der Natur und ihrer Feenwesen entwickeln wird. Sie wird zu einer fröhlichen, beglückenden und lebensfreudigen Technologie werden.

Wir wollen mit diesem Buch ja gar nicht alle offenen Fragen beantworten, das können wir auch nicht. Statt dessen wollen wir zu einer weiteren Suche nach Lösungen in den einzelnen Lebensbereichen anregen. Und doch will ich dich jetzt fragen, Marko, ob du eine konkretere Vorstellung hast, wie eine solche Zusammenarbeit mit dem elementaren Bewusstsein der Erde aussehen, wie wir Menschen eine solche »Technologie« in Zusammenarbeit mit den Elementarwesen zustandebringen könnten.

Wie gesagt, geht es um eine Kooperation auf der Ebene der Bewusstseinssphäre. Wir haben da etwas Entscheidendes zu lernen. Elementarwesen haben keine Hände, um etwas in der Natur zu bewegen, und doch bewegen sie die Zyklen und Rhythmen der Naturentwicklung. Das tun sie durch Ritual, Tanz und durch Liebeskraft. Es ist eine für uns Menschen ungewohnte Technologie.

Wir haben Hände, aber zerstören vielleicht noch einmal so viel, als wir mit den Händen aufbauen können. Also sollten wir von den Elementarwesen lernen, wie wir kreative Prozesse durch Spiel, Ritual und Freude bewegen können und dabei die schöpferische Kraft der Hände so einsetzen, dass wir im Einklang mit dem irdischen Kosmos schöpferisch werden. Am besten tun wir dies im Dialog mit der elementaren Noosphäre, damit ja kein Schaden mehr entstehen kann – außer im Fall, dass der Mensch dabei etwas Bestimmtes lernen soll.

Ich lasse nicht locker: Könntest du doch ein ganz kleines konkretes Beispiel nennen, um es noch deutlicher zu machen?

Ich kann das größte konkrete Beispiel nennen! Einerseits wissen wir, dass alles, was wir um uns herum sehen, unterschiedliche Schwingungen des Lichts sind. Andererseits sehen wir, wenn wir uns umschauen, lauter geformte Objekte. Wie kann das sein? Es ist das Wirken der Noosphäre der elementaren Welt, das in Kooperation mit unserem Bewusstsein bewirkt, dass das Schwingungsmeer in jedem Moment in eine Formenwelt umgewandelt wird. So etwas kann nicht durch Hände gemacht werden, sondern nur durch Bewusstseinstechnologie.

Unsererseits ist dies eine Bewusstseinstechnologie, die wir eigentlich ganz unbewusst schon immer anwenden. Und wir werden sie auch in Zukunft anwenden. Aber wie könnte eine Zusammenarbeit mit dem elementaren Bewusstsein aussehen, die wir ganz neu und ganz bewusst vornehmen?

Genau das ist es! Wir sollten uns endlich dazu entscheiden, nicht mehr automatisch eine Raum-Zeit-Struktur zu reproduzieren, die keine Zukunft hat. Die Grundlagen des neuen mehrdimensionalen Raums sind im feinstofflichen Bereich im Hintergrund der sichtbaren Wirklichkeit inzwischen schon vorbereitet. Wir sollten nun lernen, sie in Kooperation mit dem elementaren Bewusstsein in die neuen Formen des alltäglichen Lebens zu übersetzen.

Das ist natürlich sehr schwierig, weil die alten Strukturen in unserem Bewusstsein noch fest verankert sind. Aber man kann über die Wandlung der Wahrnehmung anfangen. Sagen wir, es wird ein Baum betrachtet. Anstatt bloß seine physischen Formen nachzuahmen, sollte man das Herz und das Gespür für seine feineren Dimensionen öffnen. In jenem Moment springt das elementare Bewusstsein ein und beginnt, diese in wahrnehmbare Lichterscheinungen oder Gefühle zu übersetzen. Durch die Kooperation des menschlichen und des elementaren Bewusstseins entsteht ein Detail einer neuen Wirklichkeit. Würden mehrere Menschen daran arbeiten, so käme die neue Wirklichkeit schneller ins Dasein. Übungen dazu sind in vielen meiner Bücher zu finden.

Es hört sich so einfach an, sich den feineren Dimensionen zu öffnen, ist aber wohl nicht ganz so einfach umzusetzen. Die Gewohnheiten im Denken und in der Betrachtung der Welt können sehr stark sein. Da hilft es, meine ich, an die Erscheinungen in der Welt immer mit einem Fragezeichen anstelle eines Punktes oder sogar eines Ausrufezeichens heranzutreten; das heißt, fragend statt antwortend und alles bereits vorher wissend. Wenn ich überzeugt bin, der Baum besteht aus Gewebe und Zellen, die so und so beschaffen sind und so und so funktionieren, kann ich seine Bewusstseinsebene gar nicht erreichen, da ich sie nicht hereinlasse. Erst wenn ich bereit bin zuzulassen, dass die Erscheinungen der Welt ein Geheimnis in sich bergen, kann sich das Geheimnis zu offenbaren beginnen. Und ich kann der – wie du sagst – Noosphäre näherkommen, mit ihr ein Stück weit eins werden.

Damit kommen wir zur Ebene der Engelwesenheiten. Wie soll und kann hier eine Mitarbeit, eine Mitschöpfung aussehen? Was tun die Engel, wenn viele Menschen von ihnen nichts wissen wollen, was bedeutet das für sie?

Ich meine, dass jeder Mensch das Konzept der Noosphäre versteht, wenn er nur den Gedanken zulässt, dass das Universum mehrdimensional ist. Was wir über uns am Himmel sehen, ist lediglich die materielle Dimension des Alls. Würde man tiefer schauen, so müsste man überrascht zugeben, dass das scheinbar unbelebte Universum voll von Lebewelten ist. Danach sollte man noch einen Schritt weiter gehen und sich klar werden, dass das ganze Universum auch von Bewusstsein durchzogen ist. Diese kosmische Noosphäre wird den verschiedenen Traditionen gemäß mit der Welt der Engel gleichgesetzt.

Engel verkörpern demnach das kosmische Bewusstsein des Alls, so wie die Elementarwesen das Bewusstsein der irdischen Welten verkörpern. Da unsere mehrdimensionale irdische Welt aber einen Teil des Universums darstellt, wird die Erde samt ihrer Evolutionen auch zu einem Tätigkeitsbereich der Engelwelt.

Was die Mitschöpfung der Engelwelt betrifft, so sollte man bedenken, dass das Engelbewusstsein das Tor zum kosmischen Gedächtnis darstellt, also zum ganzen Schatz der Weisheit, die durch unvorstellbar weite Zeiträume und unzählige Evolutionen gesammelt wurde. An diesem Informationsschatz teilhaben zu können, ist ein sehr praktisches Geschenk, das uns durch die Vermittlung der Engelwelt zugänglich würde. Dies wäre sowohl eine gewaltige Inspiration zur Entwicklung des neuen Paradigmas in der Wissenschaft als auch für die Neugestaltung unserer Beziehung zum Leben des Universums und seiner Evolutionen.

Mir wäre es ein Anliegen, auf die Welt der Engel doch noch etwas näher, sozusagen »hautnah« einzugehen und sich in ihre Lage zu versetzen, sich die Welt, unsere Zivilisation mit ihren Augen anzusehen. Kannst du mir mit deinen Erfahrungen dabei helfen? Die Frage wäre also, wie unsere Zivilisation aus der Sicht der Engel aussieht. Was erwarten die Engel von uns, oder besser gesagt, worauf hoffen sie bei uns? Ich nehme an, sie reichen uns ihre zum Helfen bereiten Hände; was müssten wir tun, um diese Hände zu fassen?

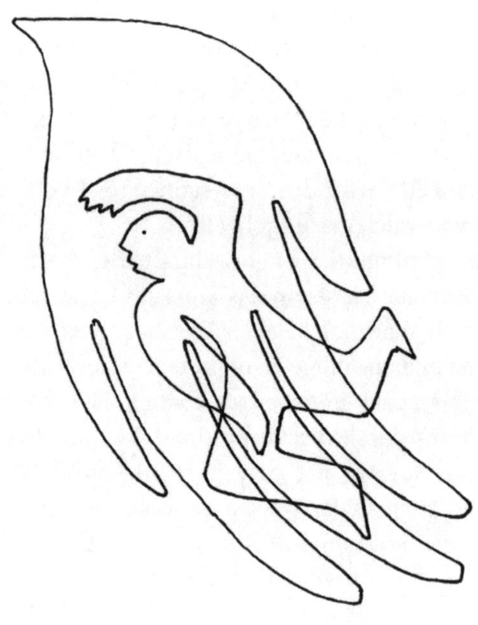

Engelwesen bieten den Menschen die helfende Hand.

Man sollte es sich so vorstellen, dass die Engelwelt vorerst gar nichts unmittelbar mit uns Menschen zu tun hat. Ihre Aufgabe ist es, die energetischen und geistigen Konditionen aufrecht zu erhalten, durch die die Entwicklung des Universums und all seiner unzähligen Evolutionen überhaupt möglich ist – die Evolution der Menschheit mit eingeschlossen. Es gibt aber auch eine zweite Phase der Anwesenheit der Engelwelt, die mit den verschiedenen Angelegenheiten unseres Lebens und unserer persönlichen Entwicklung zu tun hat. Ich meine, dabei ist die Aufgabestellung der Engelwelt durch kosmische Gesetze sehr genau bestimmt. Sie können eben nicht dem Autofahrer einen Parkplatz besorgen, wie manche Engelforscher glauben. Sie können aber dem Menschen helfen, seine geistig-seelischen Ziele zu erreichen und ihn bei seinen kreativen Tätigkeiten inspirieren, sei es bei Heilungsprozessen oder bei schöpferischen Vorhaben.

Die Kommunikation mit der Engelwelt verläuft nicht auf der emotionalen Ebene, wie im Fall der Elementarwesen, sondern durch Intuition. So wie die mentale Ebene schwingt auch die emotionale Ebene zu langsam, um zur Kommunikation mit der Engelwelt zu dienen. Die Sprache der Intuition ist eine hohe Sprache des Herzens, die nichts anderes kennt als ein Geflecht aus Wahrheit und kosmischer Liebe.

Du sprichst, Marko, davon, dass die Engel uns inspirieren und uns über die Intuition ansprechen. Das heißt, wenn wir Eingebungen bekommen – und sei es in den kleinsten, alltäglichsten Sachen des Lebens oder aber auch in den großen, schicksalhaften –, sind sie oder können sie am Werke sein. Wenn uns aber Engel inspirieren, uns Eingebungen geben, dann heißt dies doch auch, dass sie an uns interessiert sind, dass wir in ihr Aufgabenfeld gehören. Sie wollen uns offensichtlich in unserer Entwicklung voranbringen, und es muss für sie ziemlich schmerzhaft sein, wenn wir uns weigern, zu uns selbst zu kommen, uns ihrer Sprache und ihren Intentionen zu öffnen, oder wenn wir miteinander kämpfen, einander hassen und betrügen, wenn wir andere Wesen ausnutzen und missbrauchen – kurz, wenn wir gegen die Wahrheit und die kosmische Liebe verstoßen.

Es geht also darum, dass wir die Kunst der Intuition pflegen, dass wir diese Fähigkeit entwickeln und somit die Sprache der Engel hören und ihren Hinweisen folgen können. – Ich habe aber den Eindruck, dass du mit der »Mitschöpfung« noch etwas anderes meinst, denn es wäre so schon etwas unfrei, einfach nur der Stimme der Engel zu folgen. Oder täusche ich mich da?

Du täuschst dich nicht, lieber Radomil. In der Tat repräsentieren Menschen als geistige Wesenheiten auch einen Aspekt der Engelwelt. Man darf behaupten, dass wir Menschen sogar eine bestimmte Aufgabe bei der Entwicklung des Engelbewusstseins haben. Es handelt sich um unsere Fähigkeit, nach eigener Entscheidung zu handeln und aus der eigenen inneren Inspiration zu lieben. So etwas kennen Engel als einen unmittelbaren Ausdruck des universellen Bewusstseins (noch) nicht. Auch ist ihnen der Vorgang der Verkörperung, den wir Menschen kennen, fremd.

Durch die Möglichkeit der Verkörperung verschiedener kosmischer Qualitäten und durch die schöpferischen Folgen der freien Entscheidung ergibt sich die Möglichkeit, die Wirkungsbereiche der Engelwelt zu erweitern. Die Engelwelt ist sicher daran interessiert, sich diese im Menschen begründeten Eigenschaften einzuverleiben und in Kooperation mit uns weiterzuentwickeln.

Ja, und die Frage ist nun, wie sie, die Engel, uns dazu bringen können, dass wir mit ihnen zusammenarbeiten wollen und es uns sozusagen ein brennendes Bedürfnis wird. Ich weiß, dass sie uns dazu eigentlich nicht bewegen können, weil sie unsere Freiheit respektieren müssen und wollen (denn wenn die Engel ein – wie du, Marko, sagst – unmittelbarer Ausdruck des universellen Bewusstseins oder – wie ich etwa sagen würde – ein integraler, untrennbarer Bestandteil des göttlichen Willens sind, dann ist das Müssen *gleichzeitig auch ein* Wollen, *das heißt, was ihnen Gott »befiehlt«, das geht direkt in ihren Willen ein und wird von ihnen auch gewollt); also lautet die Frage: Wie* wir *uns zu ihnen bewegen können? Denn tun wir dies nicht, werden die Wirkungsbereiche der Engel, wird das kosmische Bewusstseinsfeld nicht um unseren Beitrag erweitert – was, glaube ich, viel gewichtigere Folgen hätte, als wir uns überhaupt je vorstellen können.*

So wie es heutzutage aussieht, kann man tatsächlich sagen, dass die Menschheit im allgemeinen nicht fähig ist, die hohen Standards zu erfüllen, die durch das von uns besprochene Konzept der Gaiakultur aufgestellt worden sind. Man sollte aber bedenken, dass wir hier von einer Zukunftsentwicklung sprechen. Wenn wir nicht genügend Mut haben, eine Entwicklung, die in der Zukunft stattfinden soll, so zu konzipieren, wie wir sie in unseren Herzen als wahrheitsgemäß empfinden, kann es tatsächlich geschehen, dass die Rolle des Menschen innerhalb der Engelreiche nie verwirklicht wird.

Nun bleibt uns nur noch der letzte Bereich zu besprechen: Das Zusammenwirken mit den nicht verkörperten Menschen, mit den Verstorbenen und Ungeborenen, mit Vorfahren und Nachkommen. Es ist jetzt wenige Tage vor Ostern, so dass wir dadurch, glaube ich, eine gute Möglichkeit haben, uns auf diese Welt hinter der Schwelle einzustimmen. Du sprichst hier von einer Partnerschaft, Marko. Wie können wir Partner von Menschenseelen werden, die uns so fremd sind, mit denen wir ja in den meisten Fällen, wenn wir an eine nachtodliche Existenz nicht glauben, gar nicht rechnen?

Dies ist dieselbe Schwierigkeit, die in allen drei Fällen auftritt, sei es bei der Kommunikation mit den Welten der Elementarwesen, der Engel oder der Ahnen. Es handelt sich immer um Wesenheiten, die keinen materiellen Körper kennen und scheinbar weit entfernt von uns in eigenen, parallel zu unserer existierenden Welten leben. So kann man die jetzige Lage beschreiben.

Wir befinden uns jedoch inmitten eines kosmischen Wandlungsprozesses, der gewaltige Veränderungen beinhaltet. Die Wandlungen sind derzeit aber erst schwer wahrnehmbar, da sie meistens in den unsichtbaren Bereichen abgewickelt werden. Doch die unsichtbaren, die sogenannten kausalen Ebenen des Lebens befinden sich in einem tiefgreifenden Wandlungsprozess, der von grundsätzlicher Bedeutung ist. Zunächst müssen die dort schwingenden Urmuster – die sogenannte Blaupause der Lebenserscheinungen – gewandelt werden. Erst danach können die räumlich-zeitlichen Strukturen verändert in die Erscheinung treten.

Die Welt der Vorfahren und Nachkommen ist unter uns.

Als Folge ist zu erwarten, dass durch die Auswirkungen der erneuerten Matrix auf unsere materialisierte Welt die Proportionen zwischen den sichtbaren und den unsichtbaren Ebenen der Existenz drastisch verändert werden. In einem mehrdimensionalen Raum, der meiner Erfahrung nach gerade im Entstehen ist, rücken die verschiedenen Welten näher an unsere Realität heran. Genauer gesagt, ihre simultane Präsenz wird wahrnehmbar werden. Dabei sind sie nicht materialisiert, sondern auf eine besondere Art und Weise verkörpert, die man als energetisch-flüssig bezeichnen könnte. Die tragenden Strukturen unserer zu stark materialisierten Welt werden aufgelockert und durchlässiger. Entsprechend werden Menschen massenweise erkennen können, dass gleichzeitig mit unserer Weltensphäre in anderen Frequenzbereichen noch andere Welten bestehen, die uns eng verwandt sind und mit denen wir kommunizieren und kooperieren können. Eine dieser simultan existierenden Welteinheiten nennt man »die geistige Welt« oder die Welt der Ahnen und Nachkommen. Es wird klar wahrnehmbar sein, dass dies unsere wahre Heimat ist. Von da kommen wir, wenn wir geboren werden, und dorthin kehren wir zurück, nachdem wir ein Kapitel unserer Verkörperung abgeschlossen haben. Die längsten Abschnitte unserer Existenz verbringen wir dort. So wie diesseits, sind wir auch jenseits Wesenheiten, die lernen, sich entwickeln und das Leben genießen. Es folgt daraus, dass wir als Wesenheiten der geistigen Welt – sie werden »Seelen« genannt – auch bereit sind, denen zu helfen, die gerade mit der relativen Enge der materialisierten Welt in der Zeitepoche ringen, in der wir nicht verkörpert sind, also mit unserem Seelenkörper in der geistigen Welt verweilen.

Wir können uns nur wünschen, dass die Jenseits-Menschen in uns als Diesseits-Menschen Partner, Ansprechpartner finden und dass sich in Zukunft Möglichkeiten auftun, wie wir gemeinsam mit ihnen die diesseitige Welt gestalten können. Die Voraussetzung wäre, dass die Schwelle zwischen diesen beiden Welten durchlässiger wird, dass sich diese Welten näherkommen – so wie du es schilderst, Marko. Dann werden die verkörperten Menschen ihre nicht verkörperten Brüder und Schwestern wieder wahrnehmen und ernst nehmen, ihre Stimme wird wieder gehört und ihr Wort zu Herzen genommen werden.

Wir haben unser Gespräch mit dem heranrückenden, mit großen Hoffnungen und Ängsten erwarteten Zeitpunkt des 21.12.2012 begonnen. Vielleicht können wir es damit auch abschließen. Möchtest du jetzt, ein viertel Jahr später, rückblickend zu dieser Zeit noch etwas sagen?

Als erstes ist es mir wichtig zu sagen, dass Veränderungen nicht unbedingt auf der materialisierten Ebene erscheinen müssen, um wirkungsvoll zu sein. So sehe ich auch die Entwicklung nach dem Ereignis vom 21.12.2012. Seine Wirkungen sind meiner Wahrnehmung und meinen Träumen nach sehr tief in die urbildliche Ebene unserer Wirklichkeit eingeprägt worden, obwohl sie äußerlich (noch) nicht bemerkbar sind.

Ich hatte vor und nach dem Übergang in das Jahr 2013 je einen Traum zu diesem Thema, wie es nach dem Dezember-Ereignis zu erwarten gewesen ist. In der Nacht vor Neujahr wurde mir auf eine erschütternde Weise die Entfremdung unserer gegenwärtigen Zivilisation in ihrer Beziehung zum Wesenskern des Erdplaneten gezeigt. Gleichzeitig konnte ich im folgenden Traumbild die parallel existierende Kraft und Schönheit der Erde erleben. Sie ist durch den im Erdinneren verlaufenden Prozess ihrer Selbsterneuerung erschaffen worden.

Die hintergründige Botschaft hieß, dass die Art der Zivilisation, so wie wir sie im Laufe der letzten Jahrtausende aufgebaut haben, keine Zukunft mehr hat. Gaia hat sie nach dem Ereignis vom 21.12.2012 von ihren eigenen Lebensquellen abgekoppelt. Als Folge lebt die Welt, die wir um uns herum sehen und erfahren, nur noch vom Recyceln der eigenen Kräfte, wird deswegen immer schwächer und für verschiedene Aspekte der Krise anfällig.

Gleichzeitig ist Gaia jedoch mit ihren schöpferischen Kräften dabei, den Lebensreichen der Erde neue Grundlagen zu schaffen, die einen Quantensprung in ihrer Evolution ermöglichen werden. Man könnte sagen, dass ein neuer feinstofflicher (ätherischer) Körper der Erde im Entstehen ist, der die zukünftige Mehrdimensionalität des Raum-Zeit-Kontinuums ermöglichen wird. Meine Wahrnehmungen bestätigen, dass parallel dazu bestimmte elementare Wesenheiten in den manifestierten Raum eingeführt werden, die fähig sind, Wege einzuleiten, durch die die zukünftige Lebensqualität der Erde bis in die materielle Ebene hinein verwirklicht werden kann. Sie haben einen feinen Lichtkörper, der oft durch die Farben Blau und Weiß gekennzeichnet ist.

Der Traum vom 3. Januar 2013 gab mir das Bild eines Zuges, der mitten auf den Schienen stehengeblieben ist, unfähig, sich seinem Ziel entgegenzubewegen – wiederum ein Bild der gegenwärtigen Zivilisation, die keine Zukunftsperspektive mehr hat. Plötzlich wird uns mitgeteilt, dass ein zweiter Zug auf denselben Schienen heranrast. Gibt es einen tödlichen Zusammenstoß? Menschen geraten in Panik. Was geschieht, ist folgendes: Der gefürchtete Schnellzug gleitet an einer lichtvollen parallelen Daseinsebene durch unsere stark materialisierte Bahnkomposition hindurch. Ich staune im Traum, dass es nun möglich geworden ist, dass zwei Realitätsräume auf denselben Schienen (innerhalb derselben alltäglichen Wirklichkeit) gleichzeitig existieren können.

Die Aussage des Traumes würde ich so deuten: Durch die kosmischen Einwirkungen vom 21.12.2012 wird sich die Krise unserer planetaren Gesellschaft noch vertiefen, aber gleichzeitig besteht bereits die reale Möglichkeit (und Notwendigkeit!), sich innerhalb des gegebenen, zeitweilig noch existierenden räumlich-zeitlichen Rahmens auf der neuen Ebene der Existenz anzusiedeln: emotional, geistig (bestimmte ethische Qualitäten einhaltend) und praktisch. Praktisch heißt, innerhalb der persönlichen und gesellschaftlichen Räume Inseln der neuen Gaiakultur zu schaffen, über deren Grundlagen wir, lieber Radomil, in diesem Buch gesprochen haben.

Die darauffolgenden Monate wurden durch drei Entwicklungen gekennzeichnet. Erstens haben mich meine Träume und bestimmte Lebenssituationen aufgefordert, mich mit verschiedenen Aspekten meiner noch unerlösten Vergangenheit und deren gegenwärtigen Folgen auseinanderzusetzen. Bevor wir fähig werden, uns in der neuen mehrdimensionalen Raum-und-Zeit-Wirklichkeit anzusiedeln, müssen die alten Wohnräume von den Altlasten befreit und gereinigt werden.

Zweitens sind wir in dieser Zeit mit den Gegenkräften konfrontiert, die bislang ein zwar unbeliebter und doch notwendiger Bestandteil unserer Realität waren. Ihre Aufgabe ist es, den Menschen Spiegel vorzuhalten und uns dort anzugreifen, wo wir falsche Entscheidungen getroffen haben. Sie wollen nun die alte Welt nicht loslassen, weil das die einzige Welt ist, in der ihre teilweise zerstörerische und teilweise

Wir sind zur Zeit in zwei Zeithorizonten anwesend, die verschiedene Richtungen verfolgen.

verführerische Existenz möglich ist. Deswegen versuchen sie, uns Menschen unzählige weitgehend sinnlose Aufgaben und Befürchtungen überzustülpen, damit unsere Aufmerksamkeit in falsche Richtungen gelenkt und dadurch vernebelt wird. Anstatt den zukunftsweisenden Folgephasen des Ereignisses vom 21.12.2012 gewidmet zu sein, versucht man, die Aufmerksamkeit des Menschen irrezuführen.

Und drittens: Meine Träume und Einsichten der ersten Hälfte des Jahres 2013 bestätigen, dass wir als nächstes ein kosmisches Ereignis auf der materiellen Ebene zu erwarten haben, durch das die alte Raum-und-Zeit-Struktur so weit durchgeschüttelt wird, dass es nicht mehr möglich sein wird, sie komplett zurückzubauen. Statt dessen wird allen gutgesinnten Menschen klar werden, dass es die einzig reale Möglichkeit für die Weiterentwicklung der Menschheit ist, das Angebot von Gaia anzunehmen und sich der neuen mehrdimensionalen Wirklichkeit zu stellen. Die Zeit ist dann reif, sich mit aller Kraft des Herzens und mit unseren vereinten kreativen Kräften voll und ganz dem praktischen Aufbau der Gaiakultur zu widmen.

Danke, lieber Marko, für diese abschließende Schilderung des Zeitgeschehens. Es scheint, dass die Tore in eine neue Wirklichkeit offenstehen, auch wenn es manchmal so aussehen mag, als wären sie noch alle zu. Und diese neue Wirklichkeit ist die Wirklichkeit der Gaiakultur, der friedvollen planetaren Gesellschaft, die eine Gemeinschaft bildet; es ist die Wirklichkeit der Kultur des Herzens, so wie wir sie in diesem Gespräch aufzuschließen versucht haben. Es ist notwendig, dass wir Menschen – dass immer mehr erwachende Menschen – ihre kreativen Fähigkeiten einsetzen und diese Kultur des Herzens aufbauen. Wir dürfen dabei jedoch nicht die Welt auf der anderen Seite der Schwelle vergessen, die von jener Seite aus mitarbeitet. Daher sollten wir auch, glaube ich, die geistigen Wesenheiten, unsere nicht verkörperten Brüder und Schwestern um Hilfe bitten – so wie es im sechsten Gebot der Göttin steht: Bitte um das, was du brauchst! Willst du, Marko, diese Bitte zum Abschluss formulieren?

Ich danke dir für die Möglichkeit, über die zukünftige Gestaltung der Erdenzivilisation sprechen und nachgedacht haben zu können!

Lieber Radomil, danke für dein Vertrauen, dass ich die richtigen Worte finden werde, um die Bitte auszudrücken, denn das Wort auszusprechen heißt, schon etwas in Bewegung zu bringen. Wenn wir es mit der Vision der Gaiakultur ernst meinen, so gibt es einiges, das es zu bewegen gilt.

Meine Bitte geht als erstes an unsere engen Verwandten, die Tiere, an alle verschiedensten Arten, die um Gaias Matrix des Lebens versammelt sind. Mögen sie uns verzeihen, dass wir Menschen ihre geistig-seelische Ausdehnung ignorieren und sie zu Gegenständen unserer Willkür erniedrigt haben.

Zweitens geht meine Bitte an die bunte Welt der elementaren Wesenhciten und Kräfte von Gaia in der Hoffnung, dass wir weiterhin eurer Unterstütztung teilhaftig werden, obwohl wir noch gar nicht gelernt haben, mit dem Leben, das ihr schützt und aufrecht haltet, liebevoll umzugehen.

Meine Bitte geht an die geistige Welt unserer Vorfahren und Nachkommen, uns Menschen mit der Vision einer neuen Erde zu inspirieren, in deren neu entstehenden Räumen jedes Lebewesen, sei es sichtbar für unsere Augen oder unsichtbar, seinen würdigen Platz finden wird, um sich zu entwickeln und des Lebens zu freuen.

Mein Dank geht an die wunderbare Welt der Pflanzen und Mineralien für die Gaben der Lebenskraft und des Bewusstseins, die wir in jedem Moment so reichlich von euch erhalten. Bleibt auch fürderhin unsere Verbündete, obwohl euer Beitrag noch immer zu gering geschätzt wird.

Und nicht zuletzt: Es mögen Menschen erwachen zu der Wahrheit des Lebens und zum Paradies der mehrdimensionalen Wirklichkeit, die uns schon jetzt alle umgibt und durchdringt.

Es mögen Menschen erwachen zu der Wahrheit des Lebens.

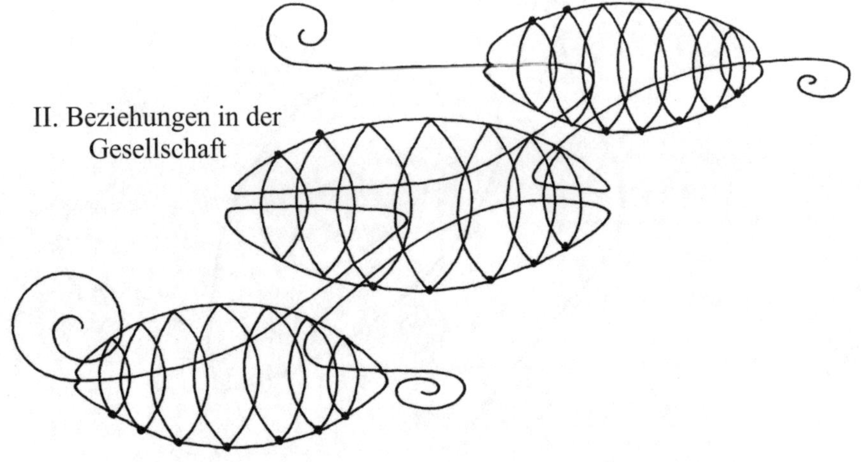
III. Koexistenz mit dem
irdischen Kosmos
II. Beziehungen in der
Gesellschaft
I. Die innere Entwicklung
des Einzelnen

I. Die innere Entwicklung des Einzelnen
Die Kraft der Liebe verkörpern
Den Zyklen der Wandlung folgen
Auf die Stimme der Seele/des inneren Ich hören
Den Menschen und dem Fluss des Lebens dienen
In Stille sein
Die Logik des Verstandes einbeziehen
Die eigene Sensibilität erneuern

II. Beziehungen in der Gesellschaft
Religion als ein Pfad zum universellen Verbundensein
Wirtschaft als Austausch von Kraft und Information unter den Menschen
Negative Kräfte und Emotionen recyceln
Erziehen um erzogen zu werden
Politik des reinen Herzens/Pan-Demokratie
Kreativer Frieden
Kunst als eine universelle Sprache, um zwischen den Welten – sichtbaren und unsichtbaren – kommunizieren zu können

III. Koexistenz mit dem irdischen Kosmos
Partnerschaft und Mitarbeit mit den Tieren
Pflanzen als Quelle des Lebens und der Nahrung
Technologie durch die Mitarbeit mit dem elementaren Bewusstsein der Erde
Partnerschaft mit Vorfahren und Nachkommen
Mitschöpfung mit der Engelwelt
Ökologie der mehrdimensionalen Landschaft
Kommunikation mit dem inneren Bewusstsein der Erde

GAIAKULTUR – ein Manifest

Die Menschheit ist mit Gaia, der Erdseele, verheiratet. Indem sie uns in die Strömungen ihres Lebens einverleibt hat, liegen wir sozusagen im selben Bett mit ihr. Und doch haben wir vergessen, Liebesbeziehungen zu ihr zu pflegen und sprechen nie miteinander. Ist nicht dies die Katastrophe hinter den vielen Katastrophen, die uns als Lebewesen der Erde im Rahmen der so genannten Erdveränderungen plagt?

Das geomantische Wissen, durch das wir begreifen könnten, wie intim der Leib des Menschen mit dem Leib der Erde verbunden ist, ging in unserer Kultur fast vollständig verloren. Nur Stück für Stück werden wir, die Menschen der westlichen Kultur, uns jener vitalenergetischen Systeme wieder bewusst, die sowohl den Leib des Menschen als auch den Organismus der Erdoberfläche beleben. Nur langsam gewinnen wir das Wissen von der Intelligenz der Natur zurück, die dieselbe Intelligenz ist, die es auch dem Menschwesen möglich macht, zu denken, sich emotional auszudrücken, Erinnerungsvermögen aufzubauen und innerhalb der materiellen Umstände schöpferisch zu werden.

Noch wichtiger ist das gemeinsame Schicksal von Mensch und Erde, dem wir uns wechselseitig verschrieben haben, seit jenem Augenblick, in dem unsere Evolutionen miteinander verkoppelt worden sind. Da uns die Freiheit gegeben wurde, auf Erden schöpferisch zu sein, kann man nicht erwarten, dass die Erde dieselbe bleibt, die sie vorher war. Man kann auch nicht erwarten, dass der Mensch, nachdem ihm die Möglichkeit geschenkt wurde, sich auf der Erde zu verkörpern und sich dadurch selbst als ein Lebewesen zu erfahren, dasselbe Geistwesen bleibt.

Es ist offensichtlich, dass die Beziehungen zwischen Gaia und dem Menschen einen so tiefen und schicksalhaften Charakter haben, dass es nicht ausreichen kann, sie durch formale Maßnahmen regeln zu wollen, die auf einer Verstandesdistanz gründen, wie es etwa für ökologische Schutzmaßnahmen oder Auflagen zur Verhinderung der Erderwärmung und so weiter der Fall ist. Um die Beziehungen zwischen

Mensch und Gaia ihren Wesen gemäß zu erneuern, gilt es zusätzlich ein ganzes Spektrum an alternativen Werkzeugen zu entwickeln.

Es ist in der Tat so, dass wir innerhalb der letzten Dekaden bereits Zeuge einiger wichtiger Schritte sind, die auf globaler Ebene unternommen wurden, um eine planetare Kultur zu gründen, eine Kultur, die auf das Wesen der Erde eingestimmt ist:

1. Ökologische Aktivitäten stellen den ersten und grundlegenden Schritt dar, durch den die Menschheit relativ einheitlich ihren Willen ausgedrückt hat, ihre Haltung gegenüber dem Erdplaneten zu ändern.

2. Der nächste Schritt besteht in Form von verschiedenen Initiativen, durch die das Wissen von der mehrdimensionalen Natur der Erde und ihrer Schöpfung, einschließlich der des Menschen, wieder aufgebaut wird. Die Erfahrungswissenschaft der Geomantie hat sich unter anderem aufgrund dieser Bestrebungen zu einer Form der ganzheitlichen Ökologie entwickelt. Ihre Verbreitung stellt einen Versuch dar, die moderne Kultur mit jenem Wissen auszustatten, das es dem Menschen ermöglicht, die Ausdehnung der Lebenskraft in der Landschaft zu verstehen. Grundlegend sind dabei Methoden der Wahrnehmung, die den sogenannten »feinstofflichen« Dimensionen des Raumes und des Lebens gewidmet sind.

3. Die gegenwärtige ökologische und zivilisatorische Krise verlangt von uns noch einen weiteren Schritt. Dieser Schritt besteht in der Entwicklung einer partnerschaftlichen Kultur auf dem Planeten Erde. Es ist an der Zeit, die Beziehungen der gegenseitigen Liebe und der gemeinsamen Kreativität zwischen Erde und Mensch neu zu begründen und sie in Taten umzusetzen. Eine solche neue Form der Kultur ist nötig, da sie sowohl die Weiterentwicklung des Wesens Mensch als auch die weitere Entfaltung der Erde mit all ihren Wesenheiten und Dimensionen fördert. Lasst uns eine solche zukünftige, schon jetzt entstehende Kultur Gaiakultur nennen!

Um die Gaiakultur entwickeln zu können, müssen wir, wie das in einer Beziehung üblich ist, als erstes alle Fehlvorstellungen davon abbauen, wer unsere Partnerin, die Erde, ist, und wer wir Menschen, gesehen im

Spiegel unserer Partnerin, eigentlich sind. Daraufhin kann eine entsprechende Änderung unserer kulturellen Regeln und der globalen Gesetzgebung folgen.

1. Wer ist Gaia?

Als erstes sollte die Frage gestellt werden, wer Gaia, das Wesen unseres Planeten, gemessen am Stand unseres gegenwärtigen Wissens, ist.

- Gaia repräsentiert die Noosphäre (Bewusstseinssphäre) des Planeten Erde. Als solche durchdringt sie alle Wesenheiten des Lebensgewebes der Erde, seien es Landschaften, Tiere, Elementarwesen, Menschen, Berge, Ozeane, Wassertropfen und so weiter. Sie repräsentiert das lebenfördernde Prinzip unseres Planeten.
- Um zu verdeutlichen, dass es sich nicht »nur« um ein im Lebensgewebe zerstreutes Bewusstsein handelt, sondern auch um eine kosmische Wesenheit, die Trägerin und Lenkerin dieses Bewusstseins ist, wird Gaia, der antiken Tradition folgend, als eine Göttin verstanden. Dies ist auch die Voraussetzung dafür, dass es zur einer geistigen Berührung und Kommunikation zwischen den Menschen und Gaia kommen kann.
- Als ein die Erde beseelendes Wesen, kann Gaia in verschiedensten Formen erscheinen – jeweils bezogen auf die gegebene Kultur oder auf das gegebene Weltbild, durch das das Bewusstsein des betreffenden Menschen geprägt ist – sei es, dass es sich um ein mythisches, schamanisches, religiöses, geomantisches oder wissenschaftliches handelt.
- Der weibliche Aspekt von Gaia wird durch einen männlichen Aspekt ergänzt, der als der Geist der Erde bezeichnet werden kann. Seine Aufgabe ist es, die Konzentration auf jene geistige Rolle des Erdplaneten zu halten, die angestrebt wird. Er bewahrt somit dessen Identität.

2. Gemeinschaft aller Wesenheiten

Während der letzten zwei Jahrhunderte sind wir dabei zu lernen, rassische Trennungen zwischen uns Menschen abzubauen. Dies genügt aber noch nicht:

- Es ist nicht möglich, in Frieden mit der Erde zu leben, solange wir irgendein anderes Lebewesen der Erde als minderwertig behandeln.

Pflanzen, Tiere, Steine, Elementarwesen (das elementare Bewusstsein der Erde) und so weiter sind nicht unsere dienenden Untertanen (Sklaven), sondern die verschiedenen Lebensfacetten, durch die unsere Partnerin, die Erde, die Urbilder des Lebens ständig an der Erdoberfläche verkörpert.

- Alle diese Wesenheiten stellen die schöpferischen Potentiale dar, durch die Gaia zu uns sprechen möchte beziehungsweise in Austausch mit unserer Kultur zu treten bereit ist.
- Anstatt einer Demokratie, die nur unter den Menschen funktionsfähig ist, sollte zusammen mit anderen Lebewesen der Erde eine erweiterte Familie gegründet werden, in der jedes Mitglied der Gaiakultur seinen würdigen und geschützten Platz finden kann.

3. Selbsterkenntnis

Es ist nicht möglich, eine neue und erfüllende Partnerschaft zwischen Mensch und Erde zu verwirklichen, wenn der Mensch nicht zu dem wird, was er im eigenen Wesenskern ist.

- Der Weg in Richtung Selbsterkenntnis stellt den unentbehrlichen ersten Schritt dar. Wer bin ich Mensch, als ein Kreuzungspunkt verschiedener Welten und Wesensglieder?
- Der zweite besteht darin, zu lernen, den inneren Frieden dauerhaft zu halten, in der eigenen Mitte zentriert zu sein und geerdet zu bleiben.
- Im dritten Schritt geht es um die Entwicklung einer ethisch ausgerichteten Lebenspraxis, durch die man den Herausforderungen einer Welt gerecht wird, die unzähligen Illusionen unterliegt und sich im Prozess einer fortwährenden Wandlung befindet.

4. Der selbständige geistige Weg

Es ist nicht möglich, eine neue und erfüllende Partnerschaft zwischen Erde und Mensch zu entwickeln, ohne jene traditionellen religiösen Vorstellungen zu wandeln, die das göttliche Wesen der Erde und ihrer Schöpfung verneinen.

- Die Trennung zwischen den Bereichen des Geistes und des materialisierten Seins ist unhaltbar geworden. Die Erde ist kein unmündiges Kind einer patriarchalisch gedachten Gottheit mehr, sondern ein kompletter Kosmos in sich. Alles, was Kosmos ist, ist auch innerhalb des autonomen Erdkosmos enthalten – der ein holographisches Teilstück des Alls darstellt. Und weiter gedacht: Alles was die Erde ist, ist auch im Mikrokosmos des Menschen enthalten – wobei wir Menschen gleichzeitig Wesenheiten der Erde und kosmische Wesenheiten sind.

- Der Mensch ist nun geistig erwachsen genug, um die freie Entscheidung treffen zu können, wie er sich mit der Erde, mit dem Kern des Alls – mit dem Göttlichen – und mit der Ganzheit des eigenen Wesens verbinden möchte.
- Es sind Wege nötig, um herauszufinden, wie die Beziehungen zu der Heiligkeit der Erde und zum Göttlichen im Rahmen der neuen Kultur zu gestalten sind. Vorbedingung dazu ist unsere Bereitschaft, allen am Erdkosmos mitschaffenden Wesenheiten der Erde und des Universums das Herz zu öffnen und mit ihnen ins Gespräch zu kommen.

5. Erziehung

Das Schulsystem muss im Rahmen der Gaiakultur neu durchdacht und gestaltet werden.

- Vorrangig sollte die innere Sensibilität des Kindes gefördert werden und erst dem nachgeordnet seine Fähigkeit des Verstandesdenkens. Menschen, die die Möglichkeit hatten, ihre Feinfühligkeit zu entwickeln, werden ganz natürlich zu liebenden und mitschöpfenden Partnern des Erdkosmos.
- Die Erziehung sollte dem jungen Menschen zweitens helfen, sich selbst als ein mehrdimensionales Wesen zu erkennen, welches spielend und schaffend an einer nicht minder dimensionsreichen Umwelt teilhat.
- Kinder sollten in die Kraft und Fähigkeit der Unterscheidung zwischen dem, was wahr, und dem, was nicht wahr ist, eingeweiht werden, um sich in einer Welt zurechtzufinden, in der Kräfte der Illusion wirken, die zu verhindern suchen, dass der Mensch zu seinem wahren Wesenskern erwacht.
- Das Schulsystem sollte dazu dienen, den Menschen zu helfen, ihren kreativen Platz und ihre Bestimmung innerhalb der erweiterten planetaren Gemeinschaft zu finden. Im Laufe ihres Lebens können sie so zur Entfaltung des Erdkosmos beitragen.

6. Lebensfülle

Die Erde ist ein Planet der Fruchtbarkeit und der Lebensfülle. Wenn ein Großteil der Menschheit unter einem Mangel an Lebensgrundlagen leidet, bedeutet dies, dass der Umgang mit den Ressourcen der Erde in einer falschen Richtung verläuft. Um diese tragische Lage zu wandeln, genügt es nicht, die Regulierungen der modernen Ökonomie zu ändern:

- Wir als Einzelmenschen müssen die Weisheit und den Mut aufbringen, uns der verschiedenen Ebenen der mehrdimensionalen Erde zu öffnen, auf denen sie ihre unerschöpflichen Vorräte an Lebenskraft aufbewahrt. Als erstes müssen also die verstandesmäßigen Vorbehalte gegenüber den subtilen Ebenen der mehrdimensionalen Wirklichkeit abgebaut werden.
- Die Suche nach den unerschöpflichen, frei zugänglichen Energiequellen ist nur sinnvoll und lebensfördernd, wenn sie mit der Wandlung des Bewusstseins und der gemeinsamen Entscheidung der Menschheit, sich in der Beziehung zur Erde und ihren Lebenswelten, den sichtbaren und unsichtbaren, an hohe ethische Standards zu halten, gekoppelt ist.
- Der Kreislauf des Austausches zwischen den Menschen und den Welten der Erde bzw. der Natur muss wieder hergestellt werden. Zur Zeit entnehmen wir der Erde alles, was wir brauchen, konsumieren es und werfen den Rest einfach weg. Dies ist kein Kreislauf, sondern eine Einbahnstraße, die zur geistig-seelischen Verarmung des Menschen und zur Ausbeutung der Erde führt.
- Um den Kreislauf wieder herzustellen, sollten wir als erstes uns selbst fragen, was wir der Erde und ihren Wesenheiten zu geben haben. Der Mensch verkörpert bestimmte geistige und schöpferische Potentiale, durch welche neue Perspektiven für die Evolution der Erde und ihrer Lebensreiche geöffnet werden können. Es gibt einiges, was wir tun können, um den Kreislauf der Lebensfülle zu erneuern.

7. Die Kunst der Geomantie

Die Erde ist ein von Bewusstsein durchdrungener Planet mit einem eigenen Schicksal und einer eigenen Aufgabe im Universum. Gaia, die Erdseele, kann das Leben auf der Erdoberfläche nicht aufrechterhalten, wenn ihre Brennpunkte der Lebenskraft und des elementaren Bewusstseins in den Natur- und Stadtlandschaften nicht frei sind, um in Einklang mit ihren Plan zu wirken. (Unsere in diesem Sinne ignorante Zivilisation hat unzählige davon blockiert.) Die Kunst der Geomantie wurde entwickelt, damit dem Menschen zugänglich und einsichtig wird, wie wichtig der vitalenergetische Organismus, das elementare Bewusstsein der Erde und ihre sakralen Dimensionen für die Erhaltung des Lebens auf dem Planeten sind. Doch all dieses neuerworbene Wissen gewinnt nur dann an Bedeutung, wenn es auch in die Praxis umgesetzt wird. Das heißt vor allem:

- Um an der Gründung der Gaiakultur teilnehmen zu können, sollte der Mensch die unmittelbare Wahrnehmung der vital-energetischen Dimensionen des Bewusstseins und der seelischen Essenz der Natur, der Erde und ihrer Wesenheiten erlernen und praktizieren.
- Die Ergebnisse der geomantischen Forschung sollten im Rahmen städtebaulicher Entwicklung, von Baumaßnahmen und Gestaltungen der Landschaften an den gegebenen Orten berücksichtigt werden, besonders dann, wenn es um die Funktionen des vitalenergetischen Organismus der Landschaft und ihrer Noosphäre geht.
- Es sollten solche gesetzlichen Maßnahmen entwickelt und politisch in Kraft gesetzt werden, aufgrund derer diejenigen Plätze der Erde geschützt werden können, die von grundlegender Bedeutung für das gesunde Leben des Planeten und seiner Wesenheiten sind. Parallel dazu gilt es, rituelle Formen zu schaffen, durch die die sakrale Qualität dieser Orte gefeiert werden kann.
- Es sind sofortige Vorgehensweisen erforderlich, um jene Schritte unterstützten zu können, die Gaia gerade unternimmt, um den Zusammenbruch der Lebenssysteme auf der Erde zu verhindern. Von grundlegender Bedeutung ist dabei die Anerkennung des neuen mehrdimensionalen Raumes der Erde und des menschlichen Leibes, der gerade im Entstehen ist.

Zum Schluss

Zusammen mit ihren Wesenheiten, den sichtbaren und unsichtbaren, hat die Erde dem Menschen die wundervolle Möglichkeit gegeben, sich in der Materie zu verkörpern und die Schönheit und die schöpferischen Potentiale des verkörperten Lebens zu genießen. Teilweise waren wir fähig, ihre Gastfreundschaft in wertvolle Erfahrungen und kreative Taten zu verwandeln, teilweise haben wir sie schamlos ausgenutzt, um unsere eigene Macht auszubauen und über andere Wesenheiten des Lebens zu herrschen.

Der Augenblick der Entscheidung, welchen der beiden Wege wir im weiteren Verlauf verfolgen wollen, ist gekommen. Der einzig sinnvolle Weg ist der einer erneuten Verbindung mit dem Wesen des Wesentlichen und der daraus entstammenden Partnerschaft mit Gaia, der Mutter allen Lebens. Dieser Weg führt uns durch anspruchsvolle Wandlungen unseres Bewusstseins und unserer verkörperten Welt.

Marko Pogačnik, 2008 - 2013

Die sieben Grundsteine der neuen Ethik

Wie wird die neue Spiritualität verwirklicht? Die folgenden sieben Grundsteine der neuen Ethik können eine Hilfe sein:

1. Folge der Stimme deines Herzens. Versuche, in jeder gegebenen Situation die Stimme der ursprünglichen Liebe zu verkörpern.
2. Scheue nicht vor dem zurück, was dir dein persönliches oder das kollektive Schicksal bringt. Bewahre in jeder Lage deinen inneren Frieden.
3. Sei bereit, dem unablässigen Strom der Wandlung zu folgen. Schau, ob als nächstes ein Aspekt von dir oder deines Schaffens nach einer Veränderung ruft.
4. Prüfe, ob du im gegebenen Moment nicht einen Aspekt der Wahrheit vor dir selbst oder vor anderen verleugnest. Spüre immer wieder in dein Herz und in deinen Gedankengang hinein, ob du nicht das Opfer eines Selbstbetrugs geworden bist.
5. Werde dir immer wieder deiner vielschichtigen Ganzheit fühlend bewusst. Halte das große Rund deines Wesens durch das Bewusstsein umarmt und in deiner Mitte verankert.
6. Vergiss nicht, wer du in deinem Wesenskern bist und welchen Idealen du folgen möchtest. Erinnere dich immer wieder neu an deine geistige Widmung.
7. In jeder Lebenslage hast du verschiedene Möglichkeiten zur Auswahl. Versuche, deine Entscheidungen aufgrund der Herzensstimme zu treffen. Das einzige, was man in der Epoche der großen Wandlung nicht darf, ist, unentschlossen zu bleiben.

Die Grundsteine der neuen Ethik hat Marko Pogačnik entwickelt aus den Sieben Briefen der Offenbarung nach Johannes (Apok. 1-3). Erstmals publiziert in seinem Buch »Die Erde wandelt sich«, Knaur, 1999.

Die Neun Gebote der Göttin sind eine Weiterentwicklung des Textes aus seinem Buch »Die Tochter der Erde«, AT Verlag, 2002

Die neun Gebote der Göttin

als Ergänzung zu den sieben Grundsteinen der neuen Ethik

Erstes Gebot: **Hab keine Schuldgefühle**!
Wisse, dass dein Wesen vollkommen ist!
Pflege das Vertrauen in die Gerechtigkeit des Lebens!

Zweites Gebot: **Erneuere deine Sensibilität**!
Die Fähigkeit, die ganze Spannweite der Schöpfung wahrzunehmen, gehört zu deinem Geburtsrecht.
Öffne die Vielfalt deiner Sinne!

Drittes Gebot: **Folge der zyklischen Natur deines Wesens!**
Sei ganz!
Sei schöpferisch!
Sei wandlungsbereit!

Viertes Gebot: **Horche auf die Anweisungen deines Herzens!**
Pflege die Freiheit deiner Seele!
Öffne dich dem Klang deiner inneren Stimme!

Fünftes Gebot: **Erkenne das Geschenk deines Körpers!**
Dein Körper ist der Ausdruck aller Wesenheiten der Erde!
Dein Körper ist ein Haus der Freude!
Sprich mit deinem Körper!

Sechstes Gebot: **Bitte um das, was du brauchst!**
Erlaube der Lebensfülle, dich zu beschenken!
Gib weiter an andere!

Siebtes Gebot: **Verehre!**
Siehe den Duft des Paradieses, die wandelnde Präsenz der Göttin überall!

Achtes Gebot: **Bestatte deine Leichen!**
Verabschiede die alten Muster.
Lass los!

Neuntes Gebot: **Stillsein vor dem Unaussprechlichen!**
Ehrfurcht vor dem, was den Verstand übersteigt!
Reines Sein.

Marko Pogačnik (geb. 1944) ist ein slowenischer Künstler, Geomant und Buchautor. Als Methode zur energetischen Heilung von Orten und Landschaften hat er, zusammen mit der Kunst der Kosmogramme, die Lithopunktur entwickelt. In den Jahren 1965 – 1971 war er im Rahmen der Kunstgruppe OHO in Konzeptkunst und *Land Art* tätig. Zur Zeit widmet er sich vorrangig der Erd- und Menschwandlung im Rahmen der planetaren Gaiakultur. Marko lehrt an der Hagia Chora Schule der Geomantie. Auf deutsch sind von ihm unter anderem folgende Bücher erschienen: *Die Tochter der Erde*, *Liebeserklärung an die Erde*, *Elementarwesen*, *Das geheime Leben der Erde*, *Venedig – Spiegel der Erdseele*, *Quantensprung der Erde*, *Synchrone Welten*, *Sprache der Kosmogramme*. www.markopogacnik.com

Radomil Hradil (geb. 1967) hat in Tschechien Agrarwissenschaft studiert und war sowohl in ökologischer und biodynamischer Landwirtschaft als auch in der Naturgartenbewegung tätig. Er beteiligte sich an einer Camphillgründung und baute den anthroposophischen Verlag Fabula (CZ) mit auf. Heute arbeitet er als Übersetzer und Redakteur. Er ist Autor mehrerer Bücher (die bisher nur auf tschechisch erschienen sind). In den Jahren 1999 bis 2012 hat er als Dolmetscher an einigen Seminaren von Marko Pogačnik und Ana Pogačnik in Prag und Brno mitgewirkt. Zudem hat er mehrere Bücher von Marko Pogačnik ins Tschechische übersetzt.

Bücher von NEUE ERDE im Buchhandel

Im deutschen Buchhandel gibt es mancherorts Lieferschwierigkeiten bei den Büchern von NEUE ERDE. Dann wird Ihnen gesagt, dieses oder jenes Buch sei vergriffen. Oft ist das gar nicht der Fall, sondern in der Buchhandlung wird nur im Katalog des Großhändlers nachgeschaut. Der führt aber allenfalls 50% aller lieferbaren Bücher. Deshalb: Lassen Sie immer im VLB (Verzeichnis lieferbarer Bücher) nachsehen, im Internet unter **www.buchhandel.de**

Alle lieferbaren Titel des Verlags sind für den Buchhandel verfügbar.

Sie finden unsere Bücher in Ihrer Buchhandlung oder im Internet unter **www.neue-erde.de**

Bücher suchen unter: **www.buchhandel.de**. (Hier finden Sie alle lieferbaren Bücher und eine Bestellmöglichkeit über eine Buchhandlung Ihrer Wahl.)

Bitte fordern Sie unser Gesamtverzeichnis an unter

NEUE ERDE GmbH
Cecilienstr. 29 · 66111 Saarbrücken
Fax: 0681 390 41 02 · info@neue-erde.de